続しもつけの御朱印

栃木県内社寺巡礼

冬の奥日光（中禅寺湖と男体山）

前書『しもつけの御朱印』ではたいへん多くの反響をいただき、ありがとうございました。

本書はその続編です。下野新聞に連載された１３９カ所の社寺を掲載しました。

２０２０年は新型コロナウイルスに明け、暮れた年と言えるでしょう。

そんな中、社寺は「いつも」「変わらず」そこに存在していました。こんな時こそ、ゆったりと社寺にお参りして、深呼吸をしてみてはいかがでしょうか。

御朱印が社寺を訪ねるきっかけになり、お参りすることで心がおだやかになったり、気持ちをリフレッシュしていただければと思います。

続しもつけの御朱印――栃木県内社寺巡礼

目次

県北

県央

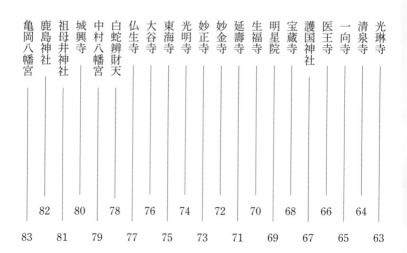

県南

＊本書は２０１９年10月２日から２０２０年10月１日までの下野新聞に掲載された連載「しもつけの御朱印」に加筆・修正をし、書籍化したものです。
＊本文中に出てくる人物の肩書や情報は取材当時のものです。
＊掲載されている御朱印の中には、限定のものや、現在授与していないものもあります。
＊新型コロナウイルスほかの事情により、掲載している催事の実施状況は変更になっている可能性があります。

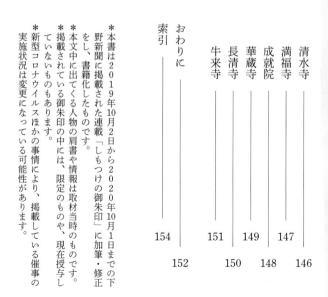

御朱印ってなあに

人気高まる参拝の証し

どっとこ　御朱印が人気なんだって。友達も「集めてる」って言うの。御朱印ってなあに？

記者　御朱印は、寺や神社にお参りした証しとして頂ける印だよ。元々は、写経を奉納したときに頂いた「納経印」だったという説などがあるよ。

Q　どういうものなの。

A　朱色の印が押され、社寺の名前、日付などが墨で書かれているよ。社寺ごとに違ったモチーフや個性があるから、趣味で集める人が増えたんだね。最近は期間限定や多色、イラスト入りなどもあるんだ。

どっとこちゃんの
教えて〜！

Q　集めるには何を用意したらいいの。

A　御朱印帳が必要だね。規模の大きい寺や神社、文房具店などでも販売され、種類もたくさんある。御朱印そのものは、300円程度を納めることが多いようだよ。

Q　観光で行くようなお寺や神社はいいけれど、他はちょっと緊張しちゃう…。もらえるかな。

A　授与所がなければ、庫裏《くり》や社務所で尋ねてみて。御朱印を出していないところもあるけれど、対応してくれれば、心を込めて手書きしてくれるよ。ただ訪問のマナーは守ろうね。

Q　大人のスタンプラリーだね！

A　おっと、それは違うよ。御朱印は、ご本尊やご神体の分身とも言えるもの。ただ集めるだけでなく、お参りし、仏様や神様を敬うことが大切だというよ。頂いた御朱印は大事に保管して楽しもうね。

御朱印帳に記された、各地の寺社の御朱印

県北

思い込めた二つの象徴

威徳院《いとくいん》

大田原

本尊の虚空蔵菩薩と2019（平成31）年3月に落慶した新本堂。御朱印にあしらわれた二つのシンボルには「縁」を感じさせる物語がある。

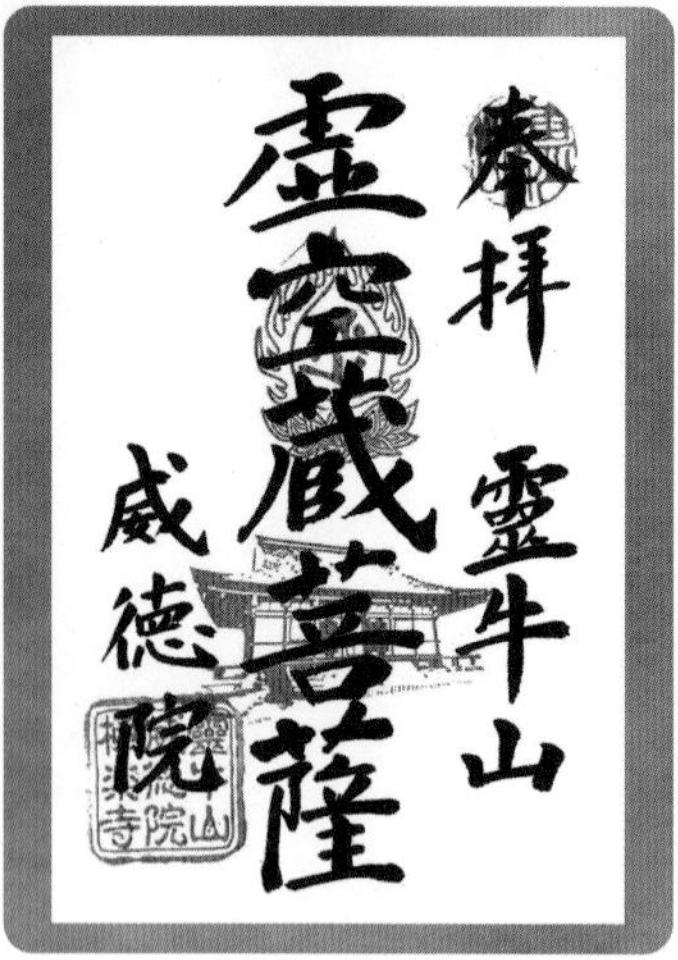

威徳院極楽寺は1130（大治5）年開基と伝わる真言宗智山派の古刹。1871（明治4）年の火災で、本堂や仏像などは全て焼失したとされていた。約150年ぶりとなる本堂建て替えが決まり、改めて調べると、本尊が焼けずに現存していたことが分かった。「本尊だけは火災から守られていた。長い時を経て本堂再建によって判明し、非常に感激した」。御朱印には青龍寺《しょうりゅうじ》弘範《こうはん》住職の思いが込められている。

山号は霊牛山。周辺の山容が牛のように見えるため名付けられたとされる。寺院名の由来である大威徳明王像は水牛にまたがった姿で、本堂に安置されている。虚空蔵菩薩、不動明王、妙見菩薩を含め4体の仏像は仏師朝倉二美《あさくらふたみ》さん作。一木造りの見事な彫刻だ。

茶話会「言ノ葉喫茶」の会場として毎週木曜、お年寄りたちが集う。「支えてくれた地域の人たちへの恩返し。言葉を交わすことで元気になってもらいたい」と青龍寺住職。ドリップコーヒーの香りも漂う癒やしの空間となっている。

本堂

●大田原市湯津上1350
☎0287-98-2100
御朱印＊300円
那須三十三所観音霊場の第22番札所。八溝七福神「寿老尊」。

八溝の霊場、札所印も多彩

明王《みょうおう》寺《じ》

大田原

那珂川を背に、城下町の雰囲気を残す黒羽地区の一角で地域を見守る。明王寺は真言宗智山派の寺院。創建は1533(天文2)年で、黒羽城の築城に伴い、黒羽藩主が1576（天正4）年に現在地に移転させた。

御朱印は、本尊の不動明王の梵字と「野洲黒羽不動」の印があしらわれる。山号の「高岩山」や「不動尊」の文字は、近藤隆俊《こんどうりゅうしゅん》住職が依頼を受けてから、一枚一枚書き上げる。流れるような筆跡が特徴だ。

寺は、八溝山地域の7寺でつくる「八溝七福神」や、「那須三十三所観音霊場」、2019(令和元)年10月に開場した「八溝山麓十宝霊場」、「奥の細道霊場」の札所で、札所としての御朱印もある。

「八溝七福神」の御朱印は、アユ釣りの盛んな那珂川に近いことから、豊漁の神の恵比寿さまや「笑門来福」の印が押される。「那須三十三所」は、第1番札所であることを示す「発願所」の印が存在感を示す。それぞれを巡拝する人が足を運ぶ。

寺では月に数回、御詠歌の講習も行われ、境内には絶えず人々の明るい声が響いている。近藤住職は「ご本尊様をお参りし、ご縁を結んだ証しとしてお渡しするのが御朱印。今後も参拝したり何かの折に思い出したりして、ご縁を大切にしてほしい」と話している。

●大田原市黒羽向町185
☎0287-54-0717
御朱印＊300円

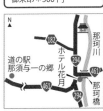

本堂

「文殊」の字体生かす楷書

妙徳寺《みょうとくじ》

大田原

県内では珍しい文殊菩薩を本尊とする寺院。道理を正しく見極める「智慧《ちえ》」の力を与える仏で、学業成就に御利益があるともいわれる。御朱印は梵字「マン」の大きな印と、「文殊菩薩」の美しい文字が目を引くデザイン。楷書で書かれているのは「『文殊』の字体が一番生きる」という矢板真雄《やいたしんゆう》住職のこだわりだ。2019（令和元）年開場した「栃木十三仏霊場」の第3番札所となり、徐々に檀家だけでなく御朱印を求める参拝者が増えてきたという。

平たんな水田地帯に敷地を構える「知る人ぞ知る」真言宗智山派の古刹。802（延暦21）年に大江常正《おおえつねまさ》が開基したと伝えられている。塀や屋敷林がなく広々とした約4ヘクタールの境内では、春は桜やキリシマツツジ、夏はキキョウ、秋はモミジの紅葉など四季折々の自然を楽しめる。

那須与一が死に立ち会うことができなかった母への思慕の念を込めて手彫りし、冥福を祈ったと言われる十一面観音像や、与一の位牌も拝むことができる。

栃木十三仏霊場の札所になったことで、矢板住職は「より多くの人に足を運んでもらえるきっかけになる。周辺の寺院と協力しながら、地域の信仰を守っていきたい」と話した。

本堂

●大田原市小滝1252
✆0287-22-3951
御朱印＊300円
住職不在時は書き置きで対応する。

独特の筆法で「法」の光

正法寺《しょうぼうじ》

大田原

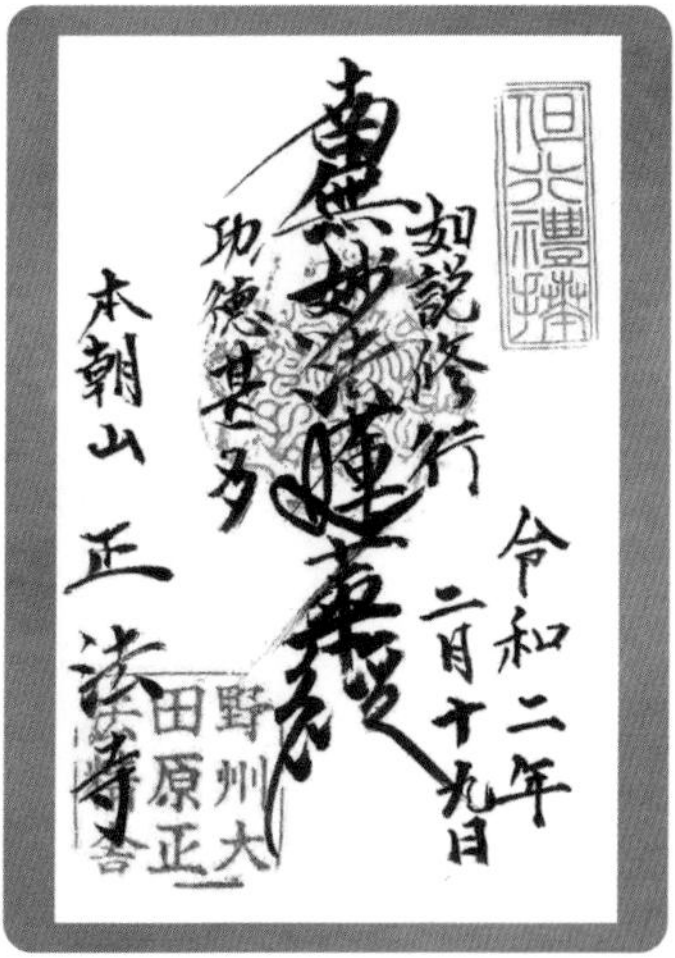

　1604（慶長9）年創建の正法寺は、県北地域最古の日蓮宗寺院。大田原藩主・大田原晴清《おおたわらはるきよ》に嫁いだ信者の女性が、創建を発願したという。「日蓮宗の寺は人に近い場所にある」と中井本秀《なかいほんしゅう》住職。付近は旧奥州街道が通り、江戸時代から多くの人が行き交ってきた。現在は商店が集積する中心市街地になっている。

　日蓮宗は御朱印はなく、「御首《ごしゅ》題《だい》」を授与する。御首題は信仰の証しで「それ自体が一つの本尊になる」。中心にお題目「南無妙法蓮華経」の文字が、字画の一部を光の帯のように長く伸ばす独特の筆法で書かれている。仏の教えである「法」の光に照らされ、万物が正しい状態になる様子を表しているという。

　正法寺では、右上に「但《たん》行礼拝《ぎょうらいはい》」の朱印を押す。中井住職が約10年前に取り入れた。「ひたすら人を敬いなさい」と説いたお経の言葉で、中井住職は「今の世の中に最も足りないもの」と感じたという。「相手を思いやる気持ちがあれば何事もうまくいく。皆に通ずる言葉だと思うので、ぜひ知ってもらいたい」と力を込めた。

　御首題は、専用の「御首題帳」に揮毫するのが正式だが、中井住職は「寺を訪れていただいたご縁を大切にしたい」と御朱印帳も受け付けている。

本堂

●大田原市中央1-1-11
☎0287-22-2179
御首題＊300円
おおたわら七福神の「寿老尊」を安置する。ご開帳は1、5、6月の1～7日。

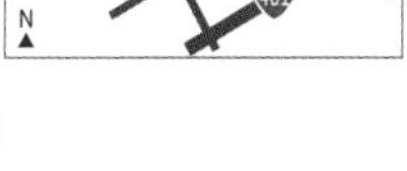

火炎背負った「不動明王」

成《なり》田《た》山《さん》遍《へん》照《じょう》院《いん》

大田原

真言宗智山派の大本山、成田山新勝寺《しんしょうじ》（千葉県成田市）の県内唯一の正式な分院として名高い成田山遍照院。「遍照院」はもともと新勝寺の境内にあった末寺で、その寺号を移転し、1884（明治17）年に及川照龍《おいかわしょうりょう》上人が開創した。

本尊は弘法大師空海が開眼した新勝寺の不動明王の分霊で、御朱印には高野照教《たかのしょうきょう》住職の太く力強い筆致で書かれた「不動明王」の文字。人々の煩悩を焼き払うために不動明王が背負っている火炎を表す朱印が押され、シンプルながらもパワーが伝わってくる。

立地は大田原市役所のすぐ北側。市の中心部にありながら、開放的な境内には心地よい静寂が漂う。

毎年10月には、たき上げられた護摩木の灰の上を素足で歩く「大火渡り祭」が行われ、市内外から約500人が訪れ諸願成就を祈る。毎月28日には不動明王とのご縁が深まる「月縁日」として、参拝者の願いを護摩木に書いてたき上げる「護摩供《く》」を行っている。

体に不自由がある高野住職だが、「手は動かせるから」と御朱印を書く手は止めない。「御朱印がきっかけでも、まずは足を運んでいただいて、そこからお参りする気持ちが芽生えてくれたらうれしい」と柔和な表情で語った。

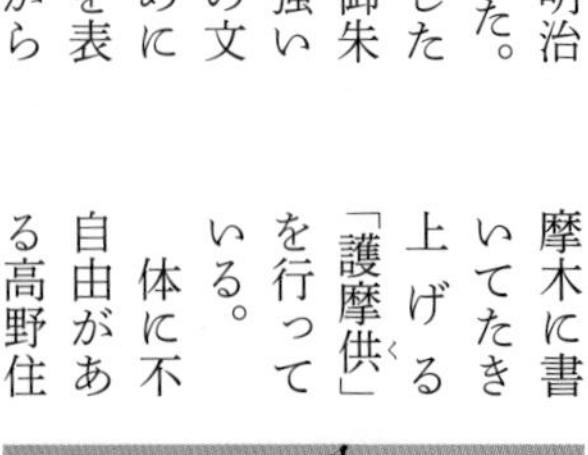
本堂

●大田原市本町1-5-1
☎0287-22-3333
御朱印＊300円
おおたわら七福神の「弁財天」を安置する。

疫病平癒、薬師如来が人気

長泉寺《ちょうせんじ》

大田原

親園地区の美しい田園に囲まれた長泉寺。1495（明応4）年、南朝から住み着いた嶋田越後守・藤原忠経《ただつね》の菩提を弔い、子孫の大《おお》嶋民部《しまみんぶ》が開基した。

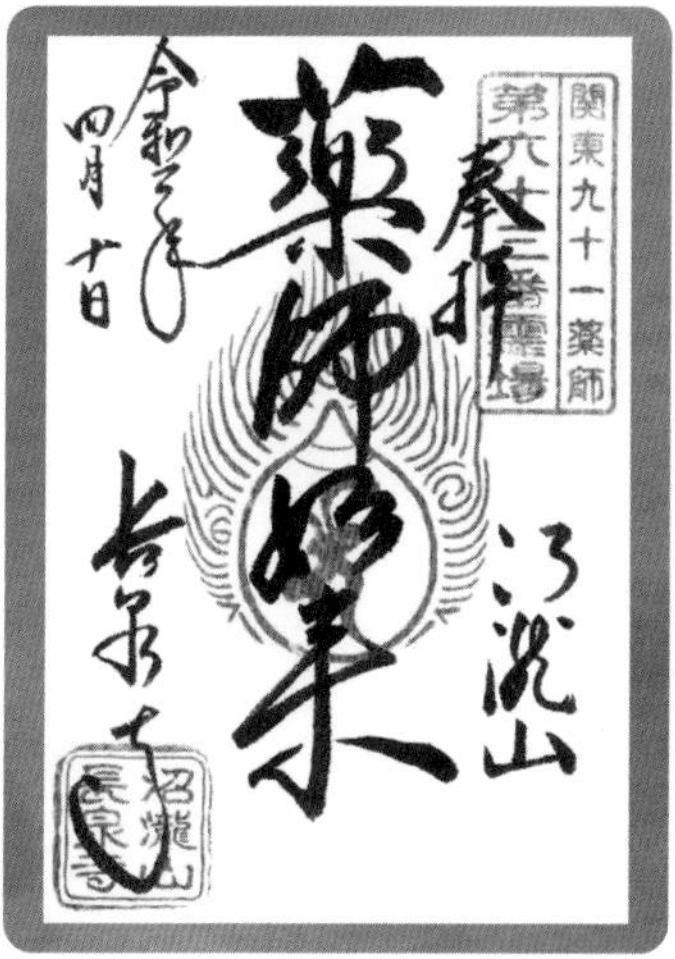

阿弥陀如来を本尊とする真言宗智山派の寺院。本堂横の「法楽堂」には薬師如来が安置され、「関東九十一薬師霊場巡り」の第63番霊場にもなっている。江戸時代初期、この薬師如来を設置すると地域の疫病が終息したと伝わり、「当病平癒」の信仰がある。

御朱印は計4種類あるが、薬師如来の御朱印を求める参拝客が最も多い。「如意宝珠」の中に梵字が彫られたデザインで、その上に「奉拝　薬師如来」などと書き込まれている。

法楽堂で参拝している間に、近藤忠雄《こんどうちゅうゆう》住職が御朱印をしたためてくれる。背筋を伸ばし、一文字ずつ丁寧に揮毫する近藤住職の姿に、こちらの心も正されていく感覚になる。

近藤住職は、那須修験道の復活を目指す「那須修験昇龍講《しゅげんしょうりゅうこう》」の講元でもある。「修験道の教えの根本は『あるがまま』を受け入れること」と説き、「新型コロナウイルスの影響で皆が大変な思いをしていると思うが、まずは状況を客観的に見極めることが大切。一度受け入れることで、『何かできることはないか』と自分の中から改善策が見えてくる」と力を込めた。

本堂

●大田原市花園1207
☎0287-28-1711
御朱印＊各300円
おおたわら七福神の「福禄寿尊」を安置する。那須三十三所観音霊場の第17番札所。

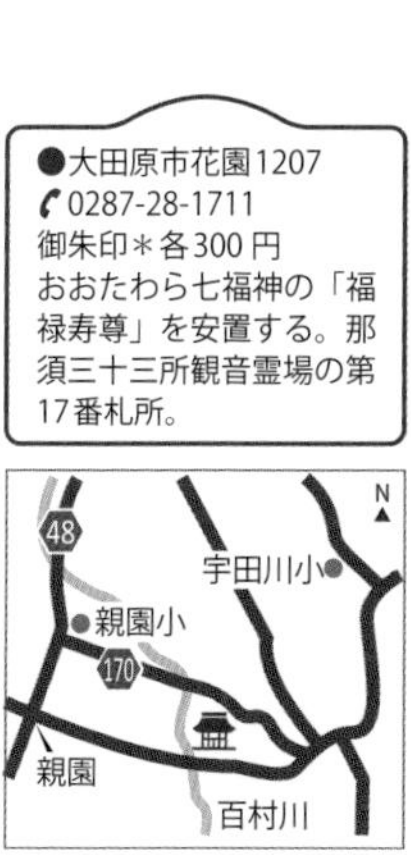

中央に「不動尊」と墨書

不動院《ふどういん》

大田原

「よこしまな雲霧はれて人こゝろ　くりから山の秋の夜の月」。大田原市の両郷地区の「両郷八景」の一つとして「不動院の秋月」を、こう詠んだ歌が残る。

雲井定俊《くもいじょうしゅん》住職は「くりから山とは、お不動様のおられる山（寺院）の意味。不動明王が右手に持つ智恵の利剣を『倶利伽羅剣《くりからけん》』と呼びます」と説明する。

不動明王を本尊とし、開基は五輪塔の年号によると約４５０年前で、１６０９（慶長14）年、唯円《ゆいえん》和尚が中興した。御朱印は、中央に「不動尊」と墨書され、それを表す梵字の印が押されている。

山門は、黒羽城の北門と伝わる。亡くなった人を運び出す際に使われた不浄門で、廃城の際、裕福な家の屋敷に移築されたが、家業が年々傾き、取り壊し話が出たため、前々住職の時に不動院へ収められたという。

本堂脇の観音堂には市指定有形文化財の十一面観音菩薩が安置。江戸期、佐竹氏から黒羽藩主にこし入れした姫の念持仏として黒羽城に祀られ、その後、不動院へ。御朱印「普照殿《ふしょうでん》」を頂ける那須三十三所観音霊場第2番札所でもある。

塩谷町出身の作曲家、故船村徹さん作曲の「別れの一本杉」をモチーフに１９５６（昭和31）年に近所で撮影された同名の映画に登場したお地蔵様も境内にたたずんでいる。

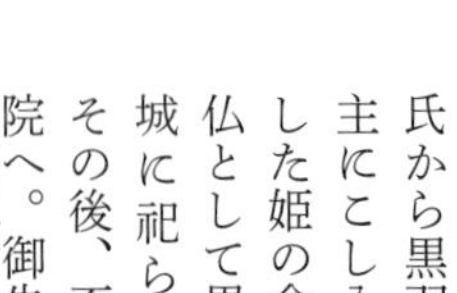

山門。奥が本堂

●大田原市久野又467
✆0287-59-0403
御朱印＊300円
八溝七福神めぐりの「布袋尊」も安置。八溝山麓十宝霊場でもある。

観音の梵字に墨書力強く

宝寿院《ほうじゅいん》

大田原

会津若松落城5日後の1868（慶応4）年9月27日。水戸城奪還に向け帰還中の水戸諸生党らと、大田原、彦根藩兵らが片府田村（現・大田原市片府田）で交戦した。

「鉄砲の弾が本尊の不動明王の厨子を貫き、台座に当たった。今もそのまま残っています」。加藤《かとう》英昭《えいしょう》住職は説明する。

1230～1440年代に祐満《ゆうまん》上人が開創したとされる。当地には、那須与一の建立といわれる如来堂があり、1600年代の寛永年間、片府田村に改称されるまで「如来堂村」と称されていたという。

山門西側の境内に如来堂の建物があり、安置されていた「阿弥陀如来及び両脇侍像」は、県有形文化財に指定されている。秋にはお堂周辺に群生するヒガンバナを楽しむこともできる。

火災などに遭い、現在の本堂は1939（昭和14）年に再建。本尊の不動明王、県指定の阿弥陀如来のほか、十一面観音を安置し、天井には地獄極楽絵図を配している。

那須三十三所観音霊場第20番札所。御朱印は、観音を表す梵字の朱印の上に「大悲殿」と墨書されている。

墓地には、片府田での戦死者を供養しようと1888（明治21）年に村の女性により建立された「戦死供養塔」もあり、下野の戊辰戦争の歴史を今に語り継いでいる。

本堂。本尊の不動明王や、十一面観音などが安置されている

●大田原市片府田1075-4
☎0287-98-3285
御朱印＊300円

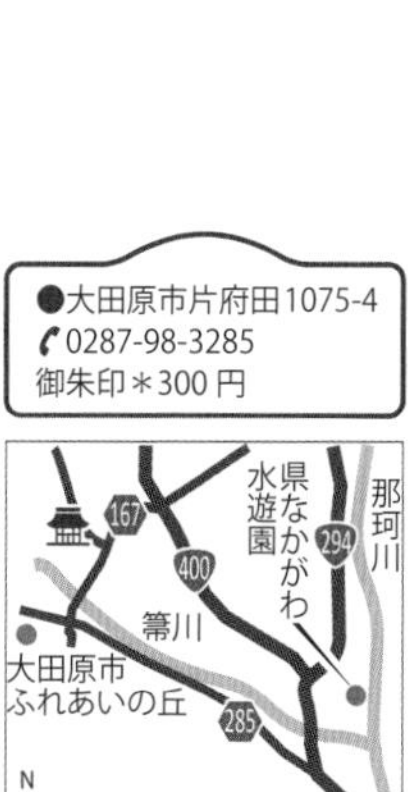

息災を願う布袋尊の印

洞泉院《とうせんいん》

大田原

1620（元和6）年、大田原家の菩提寺である光真寺の西側に、光真寺7世電庵呑光《でんなんどんこう》和尚の発願で隠居所として建てられた洞泉院。大田原家の代替わりに伴って光真寺住職も代わり、洞泉院の住職として居を移してきた。

寺町通りを挟んで東西に位置する両寺の山門は、大田原城の門だったという。

元禄年間（1688〜1704年）に再建された洞泉院の本堂は仏殿風2層屋根。郷純一《ごうじゅんいち》住職は「屋根は2層。外観は2階建てに見えるが、内部は吹き抜け。県内では珍しい建物。藩校廃止で明治の頃は、2階を作って小学校の教室にしていた」と説明する。

御朱印は曹洞宗の洞泉院本尊・釈迦牟尼仏《しゃかむにぶつ》と、「おおたわら七福神」の布袋尊。おおたわら七福神会長でもある郷住職は「布袋尊は中国の実在した禅僧。人々が捨てた物を拾って袋に入れ、欲しい人にあげた。弥勒菩薩の化身とされている」。その御朱印は「布袋尊」の墨書に「息災　布袋尊」の朱印などが押されている。

ご開帳は1、5、9月の各1〜7日だが、新型コロナウイルスの影響により判断する。

「何遍も回ると御利益がある。足を使い、体を使って巡ると健康にもなる。コロナ退散も祈ることが一番でしょう」

大田原城の門とされる山門

●大田原市山の手1-5-16
☎0287-22-2785
御朱印＊300円

繊細な筆致に悟りの世界

雲巌寺《うんがんじ》

大田原

臨済宗妙心寺派の名刹・雲巌寺。庫裏の玄関の上がり口には小さな鐘が置かれ、御朱印の書き置きが積まれている。断り書きには、こう記されている。

「寺に御用の御方は鐘を二打、御朱印の御方は打つに及ばず。山主が書き置いたものをご利用下さい」

61代住職原宗明《はらそうみょう》老師は「集印帳に書く寺務員を置けないので、私が書き置いたものを勝手に持っていって、ということ。直筆なので価値があるでしょう。50枚も書くと、くたびれちゃうんだよね」と笑う。

御朱印は、ウリの実が次から次へとなり続けるように寺の仏法が永遠につながっていくことを願う「東山瓜瓞《かてつ》綿々」と、寺を表す「雲巌禅寺」の朱印を押印。そこに約700年前に開山した仏国国師《ぶっこくこくし》の言葉が繊細な筆致でつづられている。

洞中《どうちゅうの》山色《さんしょく》四時《しじ》好《よし》
雲外《うんがいの》渓聲《けいせい》一様《いちように》寒《すさまじ》

寺から見た景色は四季折々よく、雲の外にまで通るほどの渓流の音が響いている様を表す。

原老師は「肝心なのは『一様寒』の言葉。悟り得た人には、身の毛がよだつほどのものがあるという意味。川の声に真理を見る、真理を聞くことだ」と説く。

一枚の紙の中に、天地のあるがままを、あるがままに受容する悟りの世界が込められている。

瓜瓞橋と山門

●大田原市雲岩寺27
御朱印＊300円

力強い大日如来に葵の紋

龍蔵《りゅうぞう》寺《じ》

日光

龍蔵寺は1202（建仁2）年に創建された古刹。もともとは現在の日光市大沢小の場所に建っていた。日光街道沿いだったため、徳川4代将軍家綱や8代吉宗らが日光東照宮参拝の際に休憩所として立ち寄っていたという。

現在地に移転したのは明治初期。本堂は杉や竹などの木々に囲まれ、厳かな雰囲気が漂う。5月には境内の日光市指定天然記念物「六尺藤」が見頃を迎え、参拝客の注目を集める。

御朱印は常時配布しているもので8種類。最もシンプルなものは、中央に本尊の「大日如来」を力強く書き、大日如来を意味する梵字の判や、徳川家が立ち寄っていた歴史を踏まえて葵の紋の判を押す。

そのほかには、寺の名前にちなんで龍の絵を描いたものや、生まれ干支の守護仏の梵字を書いた御朱印などを用意している。見開きのタイプが人気だという。

久《ひさ》松《まつ》智《ち》賢《けん》住職は「所願成就を願って毎回手書きしています。仏様の御利益を与えられれば幸いです」と話す。「一人で担当しているので法務などで不在のことも多い。参拝していただいて、もらえればラッキーと思っていてほしい」としている。

本堂

●日光市大沢町831-3
☎0288-26-0753
（午後2～5時）
御朱印＊300～1500円

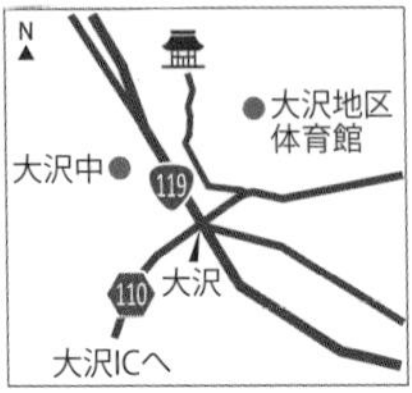

207段の石段、上った証し

日光《にっこう》東照宮《とうしょうぐう》奥宮《おくみや》

日光

標高約670メートルに位置する日光東照宮奥宮には、日光東照宮の祭神・徳川家康の墓所がある。江戸時代には、歴代将軍しか参拝できなかった聖域だ。

陽明門のきらびやかな装飾を見た後、右手に行くと「眠り猫」の彫り物をくぐり、坂下門から奥宮へ向かう。踊り場では「人の一生は重荷を負うて　遠き道を行くが如し　急ぐべからず　東照宮御遺訓」と書かれた看板が目に入る。先を急ぐ参拝者に語り掛けているようだ。

息を切らせながら全部で207段の石段を上りきった先にある奥宮授与所で、御朱印を頂くことができる。2015（平成27）年頃から参拝者からの問い合わせが増えたため、以前から御朱印があった東照宮とは別に頒布するようになった。御朱印紙のみで、御朱印帳への墨書は行っていない。

意匠はいたって清楚だ。右肩に徳川家との縁を表す葵の紋。中央には四角い「日光東照宮」の朱印があり「東照宮奥宮」と記されている。

湯沢《ゆざわ》一郎《いちろう》権宮司は「山中深く眠る家康公の墓前に、将軍家が社参したことに思いをはせ、奥宮の御朱印をお受けください」と語る。

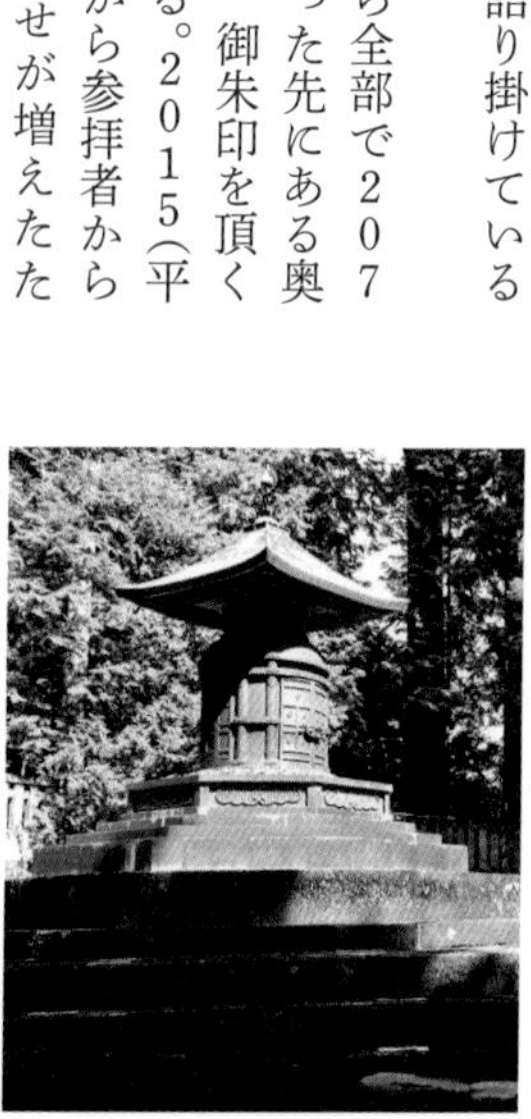

徳川家康が眠る奥宮の宝塔

●日光市山内2301
☎0288-54-0560
御朱印＊500円
別途、拝観料が必要。

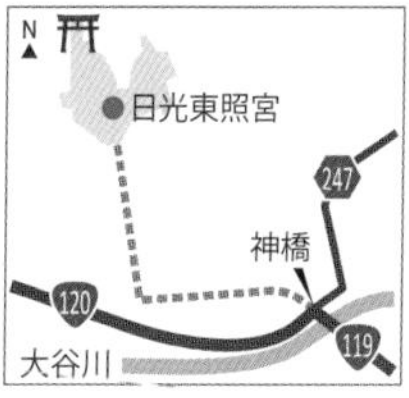

「シンプル」にこだわり

岩崎神社《いわさきじんじゃ》

日光

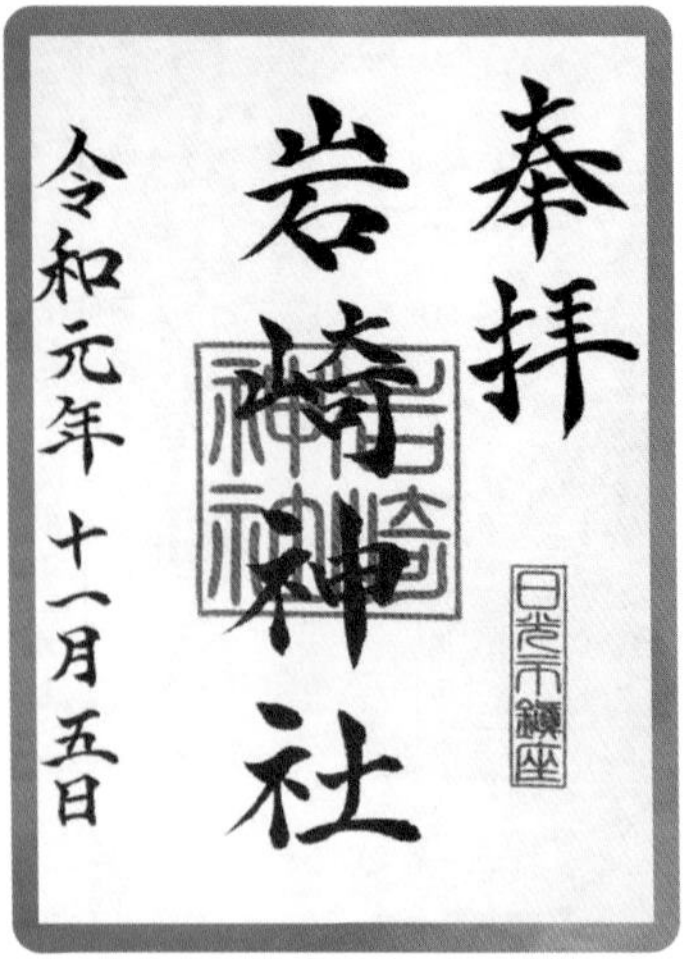

宇都宮、鹿沼両市に隣接する日光市岩崎地区。岩崎神社は500年ほど前からこの地に鎮座し、地域を見守ってきた。

千葉県香取市にある香取神宮の分霊を迎えた。「もともとは今の場所より東の山の中にありました」と田《た》辺《なべ》雅祥《まさよし》禰宜は語る。1731（享保16）年に現在地へ移り、かつては星宮《ほしのみや》と称した。明治維新後、岩崎神社に改称。家内安全、身体健全、勝運などを神徳としている。

御朱印は人気の高まりを受け、10年ほど前から父の田辺一丸《かずまる》宮司と手分けして書いている。2人は「少しでも喜ばれるよう、心を込めて丁寧に書いています」と声をそろえる。

神社の判に加えて、遠方からの参拝者にも分かりやすいよう「日光市鎮座」の判も添えている。

田辺宮司は「当初からシンプルですが、『今はシンプルなものが珍しくなった』と評されることもありますよ」と穏やかに語る。

境内には、志賀直哉の曽祖父志賀三左衛門の指導で植えられたというヒノキが残る。月2回は氏子による清掃も行われており、田辺宮司は「地域の結束の中心となっていければいい」と願う。

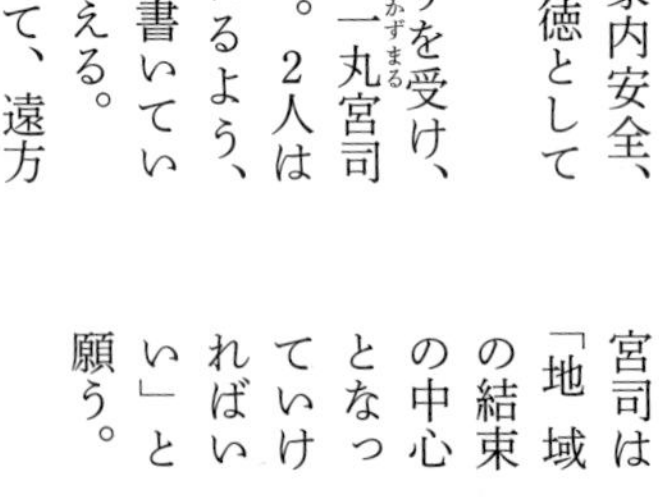

拝殿

●日光市岩崎526
☎0288-27-1228
御朱印＊300円
受付時間は午前9時〜午後4時（事前連絡必要）。

しめ縄と腰掛石の2種類

瀧尾神社《たきのおじんじゃ》

日光

日光市森友の瀧尾神社は地元住民からは「森友瀧尾神社」と呼ばれ、親しまれている。田心姫命《たごりひめのみこと》を主祭神とし、1252（建長4）年に創建した。

拝殿

境内には、田心姫命が旅の途中で腰掛けたとされる「腰掛石」が置かれている。安産や子宝といった御利益があると、県内外から多くの参拝者が訪れ、触ったり抱きついたりしているという。

拝殿前のしめ縄も有名だ。重さ約300キロ、長さ4メートルで、最も太い部分の周囲は1メートル70センチに及ぶ。出雲大社（島根県出雲市）のしめ縄製作に携わった故菅恒義《すがつねよし》さんから指導を受け、2002（平成14）年から掲げている。

御朱印は、しめ縄の判が押されたものと腰掛石の判が押されたものの2種類を用意する。どちらも縁結びや子宝を表しているため、基本的に「縁」や「子宝」の判を押すが、参拝者の希望に応じて三つどもえの判にも変更できる。2019（令和元）年は天皇即位を記念し、「御大礼記念」の判を入れた。

増渕文男《ますぶちふみお》宮司は「御朱印には神社の象徴を入れ込んだ。両方もらっていく人もいます」と話した。基本的に増渕宮司が手書きするが、書き置きも用意してある。

●日光市森友995
✆0288-22-5732
御朱印＊各500円

家光の戒名3文字を墨書

日光山輪王寺《にっこうさんりんのうじ》 大猷院《たいゆういん》

日光

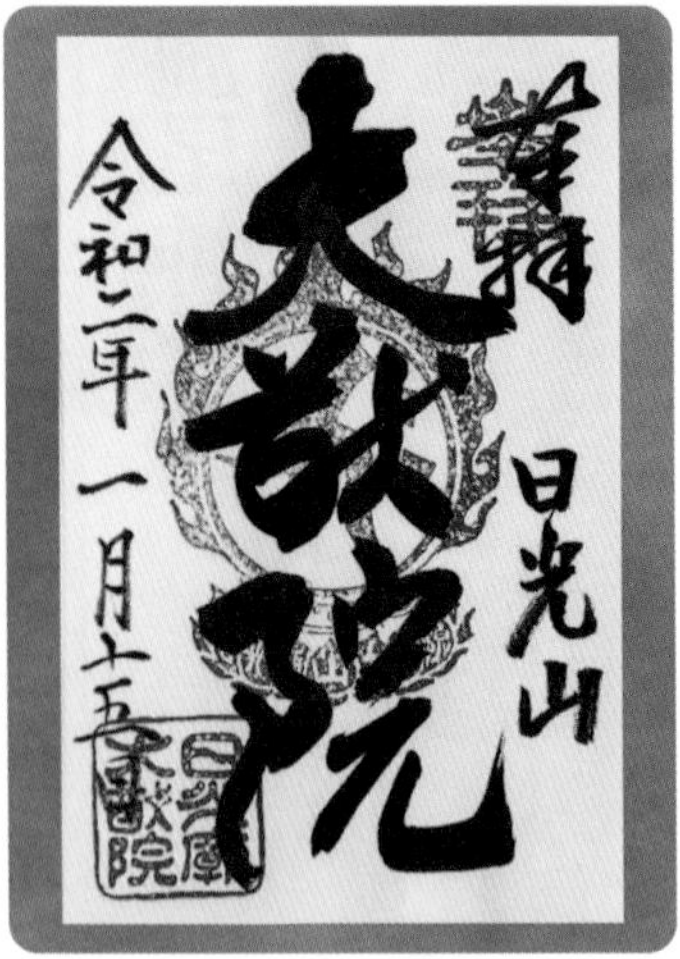

日光山輪王寺の大猷院は、祖父の家康を崇敬した徳川3代将軍家光の廟所（墓所）がある境内の総称だ。世界遺産に登録された国宝1件、重要文化財21件の建造物と315基の灯籠が立ち荘厳な空間が広がる。

入り口の「仁王門」から始まる約130の石段は、天空に登っていくような構造に思える。

頂上には大猷院の中心、国宝の拝殿・相の間・本殿の建造物が連なる。この独特な構造は「権現造り」と呼ばれる。右裏手に回ると、苔むした石垣に囲まれた本殿の外観が見られる。多くの金箔が使われ「金閣殿」とも呼ばれている。

御朱印は、家光の戒名の最初の3文字である「大猷院」を墨書し、背景に本尊のお釈迦様を梵字で表した。大猷院とは「大いなる道」を意味するという。右肩には参拝したこと示す「奉拝」、左下に「日光廟大猷院」と二つ折りで記されている。

御朱印は、境内入り口の番所で番号札をもらい、参拝した後に受け取ることになっている。鈴木常《すずきじょう》元《げん》教化部長は「本殿まで上がり、新鮮な気持ちで参拝していただいた方に御朱印を授けたい」と語る。

「金閣殿」とも言われる大猷院の本殿

●日光市山内2300
☎0288-53-1567
御朱印＊300円
2021年3月31日まで、家光370回忌の御朱印(500円)も用意している。

墨書の背景に橋の絵も

日光二荒山神社《にっこうふたらさんじんじゃ》 神橋《しんきょう》

日光

世界遺産「日光の社寺」の玄関口に当たる日光二荒山神社の「神橋」。大谷川の清流に架かる優雅な姿は、特に外国人観光客の撮影スポットとして人気だ。国の重要文化財で世界遺産に登録されている。

見落としがちだが、橋の手前の岩場に小さな祠があり、縁結びの神様「橋姫《はしひめ》明神」が祀られている。

御朱印は、神橋境内の事務所で墨書してもらえる。背景に二荒山神社の朱印が押され、橋を描いた絵も記してある。

斎藤芳史《さいとうよしふみ》権宮司は「二度とない令和2年2月22日と、2が並ぶ日の御朱印を受け取ってみてはどうですか」と勧めてくれた

橋の歴史は奈良時代の伝説「山菅《やますげ》の蛇橋《じゃばし》」までさかのぼる。長さは約28メートル、幅約7メートル。日光二荒山神社によると、山あいの峡谷に架けられた「はね橋」の形式としては唯一の古橋で、山口県錦帯橋、山梨県猿橋と並ぶ日本三大奇橋の一つという。

2019（令和元）年5月には、NPO法人地域活性化支援センターの縁結びスポットとして「恋人の聖地サテライト」に認定され話題を呼んだ。結婚シーズンには、日光二荒山神社拝殿で結婚式を挙げたカップルが「結婚渡橋《ときょう》」する姿も見られる。

世界遺産の日光二荒山神社「神橋」

●日光市上鉢石町1112
✆0288-54-0535
（本社社務所）
御朱印＊500円

墨書の下にシンボルの判

今市《いまいち》追分《おいわけ》地蔵尊《じぞうそん》

日光

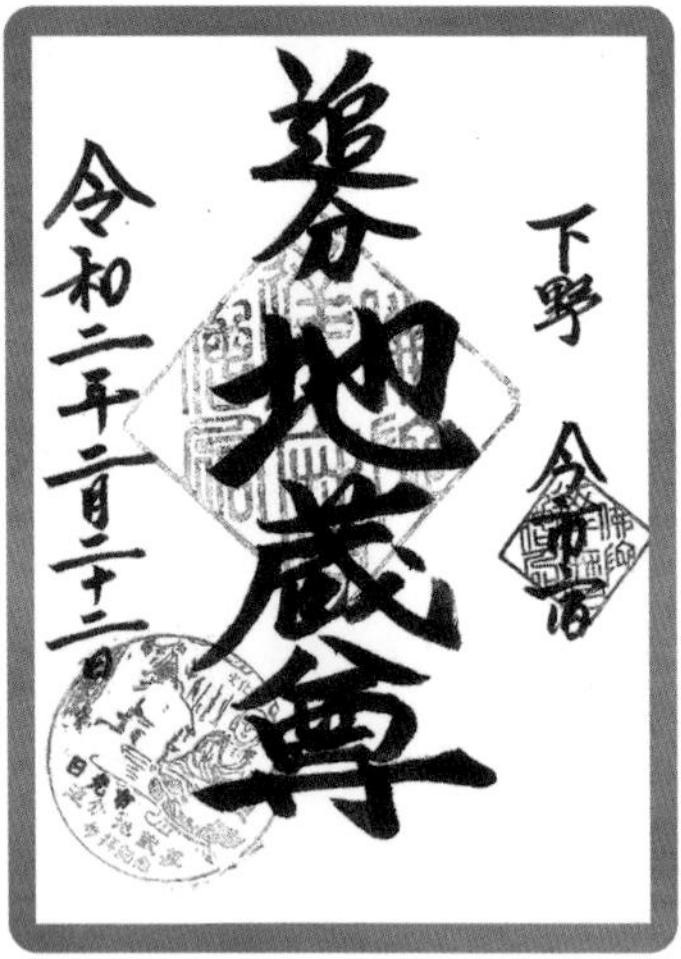

日光市今市の日光、例幣使の両街道の追分に立ち、巨大な石造りの地蔵菩薩座像を祀る今市追分地蔵尊。追分から日光方面へ今市市街地を抜ける大通りを進むと、再び杉並木が現れる付近に瀧尾神社がある。今市追分地蔵尊は瀧尾神社と対になり長年、今市の街を見守ってきた。

祀られている地蔵は高さ2メートル以上で、東日本有数の大きさを誇る。1965（昭和40）年に旧今市市の有形文化財に指定された。

製作時期は室町時代とされるが、はっきりとは分かっていないという。伝説では、江戸時代に発生した大谷川の洪水で、約70体の地蔵が並ぶ日光市匠町の景勝地・憾満ガ淵から今市まで流されてきたと言われている。

御朱印は中央に「追分地蔵尊」と墨書するシンプルなデザインだが、左下にシンボルの地蔵の判を押す。

今市追分地蔵尊は地元の小倉町1丁目、2丁目の両自治会が守っている。御朱印は境内の寺務所でもらえるが、原則書き置きはしていない。

管理者代表の堂守が在所の場合は、その場で書いてもらえる。堂守は「御朱印を頂きたいという方は真剣に地蔵様を拝みに来ている。その気持ちに応えられるよう、真剣に書いていきます」と話した。

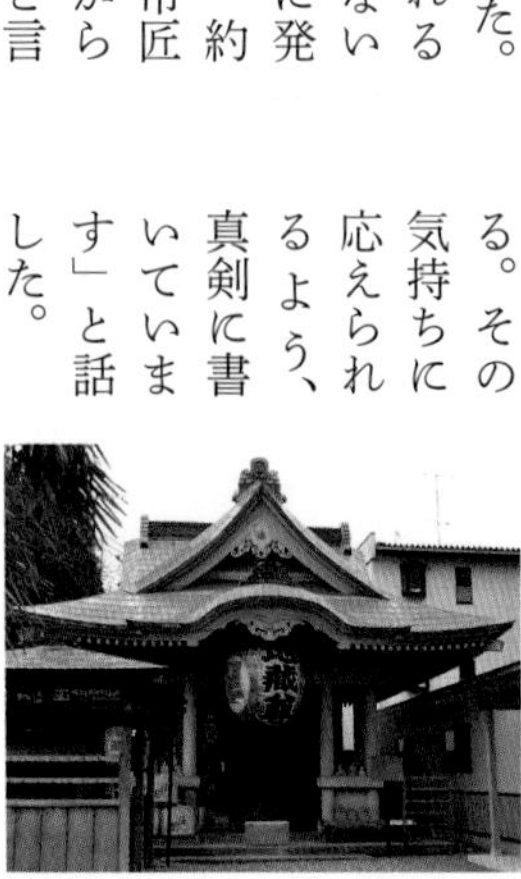
本堂

●日光市今市117
✆0288-22-4804
御朱印＊200円

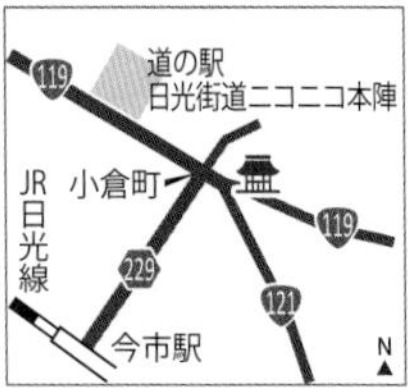

梵字の阿弥陀如来　鎮座

日光山輪王寺《にっこうざんりんのうじ》 三仏堂《さんぶつどう》

日光

日光市山内の世界遺産・日光山輪王寺。「三仏堂」と呼ばれる本堂は、10年を超える歳月をかけて進められてきた大規模改修が2019（令和元）年度に終了した。

「金堂」と書かれた扁額が掲げられている三仏堂

正面に掲げられているのは「金堂」と書かれた大きな扁額。お参りをする中心のお堂を意味し、御朱印の中央に墨書で記されるのも金堂だ。

三仏堂ではご本尊の「千手観音」「阿弥陀如来」「馬頭観音」も本格的な解体修理が行われた。高さが7メートルを超える3体の座像は金箔の張り直しなどが施され、まばゆい光を放ちながら威容を誇る。

山岳信仰に基づき、3本尊はそれぞれ、日光三山である男体山（父）、女峰山（母）、太郎山（子）の本地仏とされる。本堂執行の中《なか》里卓雄《ざとたくゆう》さんは「ご本尊に家族の安泰などを願っていただければ」と話す。

御朱印は参拝後に拝受できる。金堂や日光山輪王寺の墨書と共に、本尊の中央に鎮座する阿弥陀如来の梵字の朱印、日光山三仏堂などの朱印が押され、多い時は参拝者の半数が手にするという。

教化部長の菅原道信《すがはらどうしん》さんは「皆さんの心の中にも仏様の朱印を刻んでいただき、より豊かな生活に結び付けてほしい」と目を細める。

●日光市山内2300
☎0288-54-0531
（日光山輪王寺）
御朱印＊300円
本堂落慶を記念した金字の特別御朱印＊500円

第1番札所　観音表す梵字

清瀧寺《せいりゅうじ》

日光

日光宇都宮道路の清滝インターチェンジから南西に約1キロ進むと清瀧寺がある。820（弘仁11）年に創建され、天台宗に改宗したことで日光山輪王寺の別院となった。本尊は観世音菩薩。

明治維新で混迷を極めた時代、無住の寺となった。しかし地元に古河電工が進出してにぎわいが生まれたことで、近くにあった円通寺と合併し再興。その後、改築や大修理が行われ、現在の姿になった。

境内は決して広くないが、しらみ地蔵や鐘楼などの文化財が並ぶ。4月15日の護摩供でのみ姿を見ることができる江戸時代の僧円空作の不動三尊が安置されていることも特徴だ。

2017（平成29年）頃、関純恵《せきじゅんけい》住職が日光地区最年少で住職に就いた。若手住職として、ブログを通じて寺の行事や四季の情報などを発信している。「若い世代とお寺のつながりができれば」との思いで始めたという。

御朱印は、決まった書体はなく、観音様の梵字があしらわれ、清瀧観音などと書かれたシンプルなデザイン。

下野三十三観音の第1番札所でもあり、関住職は「最初のお寺として参拝者の結願を願い、御朱印を丁寧に書いてお渡ししている」と話した。

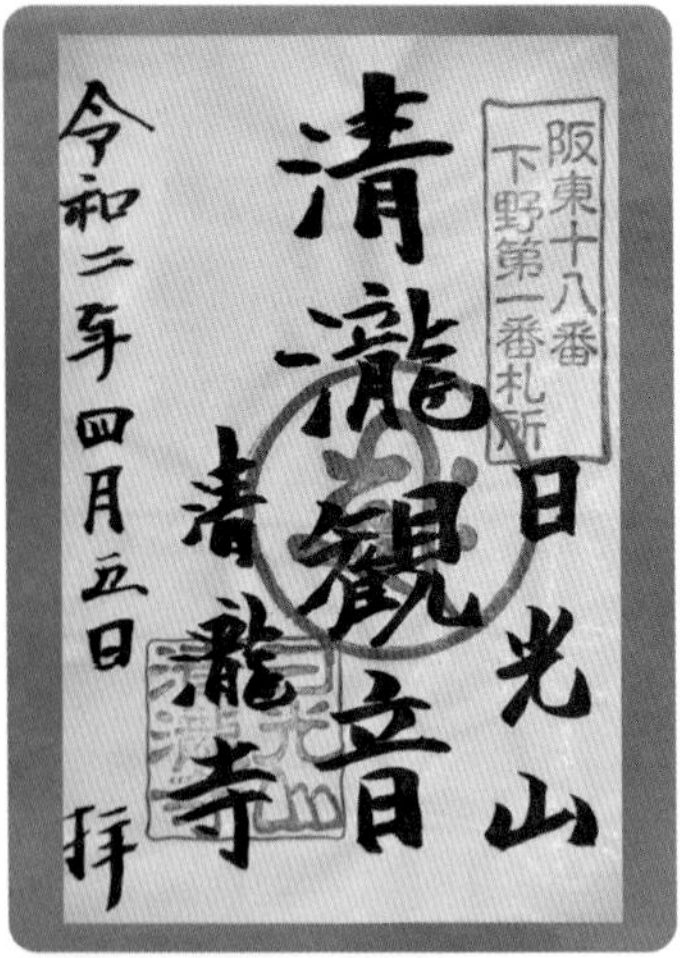

本堂

●日光市清滝1-9-27
☎0288-54-1270
御朱印＊300円

「鬼怒川温泉」の象徴に

鬼怒川温泉神社《きぬがわおんせんじんじゃ》

日光

日光市の鬼怒川温泉街の高台に鎮座する鬼怒川温泉神社。鬼怒川温泉ロープウェイの麓にあり、護国神社の境内に一緒に並んでいる。

創建の時期は不詳だが、かつて鬼怒川の川底から湯が出ていた場所の近くに社があった。戦後、現在の地に遷座したといわれる。

朱色の社が特徴で、温泉の守護神「温泉神《いでゆのかみ》」を祀る。主祭神は医療や禁厭《きんよう》の神である大己貴命《おおなむちのみこと》と少名彦命《すくなひこのみこと》で、境内には疫病をはらうとされる茅《ち》の輪もある。

福田喜光《ふくだよしみつ》宮司は「温泉には病を癒やす効能があるため、昔から浴湯をしに多くの人が全国から訪れた。温泉の霊力が神格化し、崇拝され、温泉神社が建立された」と説明する。

御朱印は真ん中に大きく「温泉神社」、右下に「鬼怒川」と墨書され、中央には福田宮司が特別に用意した「神霊《しんじ》」の印、右上に「温泉神社」と押印される。土日・祝日に社務所で拝受できる。

年間を通じて多くの観光客が訪れる温泉街。新型コロナウイルスが暗い影を落とす中、福田宮司は「もともと癒やしの湯を楽しめる場。早く終息し、再び元のようなにぎわいを取り戻してほしい」と強く願う。

護国神社の境内に鎮座する鬼怒川温泉神社

●日光市鬼怒川温泉滝834-45
☎0288-21-8926
（藤原町護国神社）
御朱印＊300円

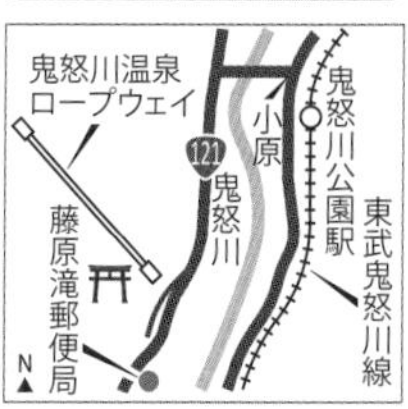

「聖地」表記と金色社紋

瀧尾神社《たきのおじんじゃ》

日光

瀧尾神社は日光市山内の日光二荒山神社の別宮で、同じ山内にある本宮神社とともに「日光三社」と呼ばれる。日光東照宮の社務所の脇道から北西に約1キロメートル、森閑とした杉木立の中にたたずむ。

平安時代の820（弘仁11）年。弘法大師が祈願したところ、日光三山の一つである女峰山の女神が降臨し、創建されたと伝えられる。子授け・安産・子育ての神「田心《たごり》姫命《ひめのみこと》」を祀る。

漆塗りの本殿や拝殿、楼門などは国の重要文化財に指定されている。境内には、子宝を授かるとされる「安産子種石」や、鳥居上部の丸い穴に石を投げ入れると願いがかなうとされる「運試しの鳥居」なども鎮座する。

御朱印は現在書き置きのみで、二荒山神社本社の札所で拝受できる。右肩に「日光の聖地」と書かれ、ひし形の朱印には、中央に「瀧尾神社」、右側に「二荒山神社別宮」、左側に「女峰山」と記される。上部には「一」を丸で囲んだ金色の社紋が押してあるが、意味は定かではないという。

二荒山神社の斎藤芳史《さいとうよしふみ》権宮司は「古くから信仰のあつい場所。自然に囲まれた境内で、心身を癒やしてもらえたら」と話した。

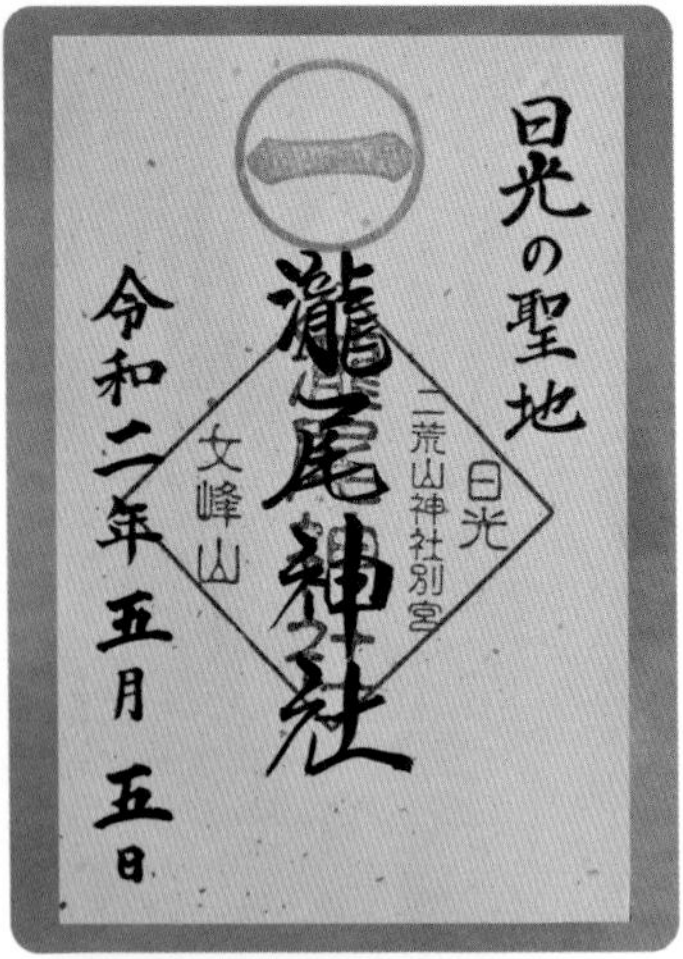

杉木立ちの中にそびえる漆塗りの楼門

●日光市山内2310-1
☎0288-54-0535
御朱印＊500円
二荒山神社本社の札所で。

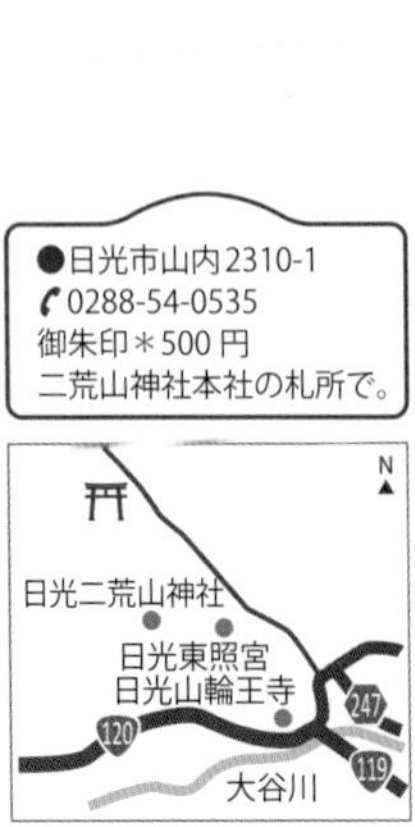

丁寧にしたためた本尊名

宝増寺《ほうぞうじ》

日光

わたらせ渓谷鐵道足尾駅から南西約400メートルに位置する宝増寺。本堂の裏手には線路がある。

創立に関する正確な経緯は不明だが、788（延暦7）年に伝教《でんぎょう》大師が建てたとされる。

本堂にある波之利大黒天《はしりだいこくてん》は日光開山の祖勝道上人作といわれ、「足尾」の地名の由来になっていると伝わる。

宝増寺によると、上人が中禅寺湖畔でアワの穂をくわえたネズミの足に緒《ひも》を付けて後を追ったところ、ネズミは足尾の地にたどり着き洞穴に入った。上人は波之利大黒天を彫刻して宝増寺に安置し、この地を「足緒」とした。その後、現在の「足尾」に転じたという。

御朱印の書体は決まっていない。山田貫淳《やまだかんじゅん》住職は「御朱印を書く機会が少ないので、こだわりなどはあまりない」とするが、本尊の「阿弥陀如来」の文字が丁寧にしたためられている。

宝増寺は足尾銅山との関係も深い。銅山の発展に寄与し、若くして亡くなった木村長兵衛《きむらちょうべえ》の墓などもある。山田住職は「足尾やお寺について知ってほしいので、お越しになった人には本堂などを案内する」と笑顔で話す。

●日光市足尾町赤沢18-25
☎0288-93-2347
御朱印＊300円

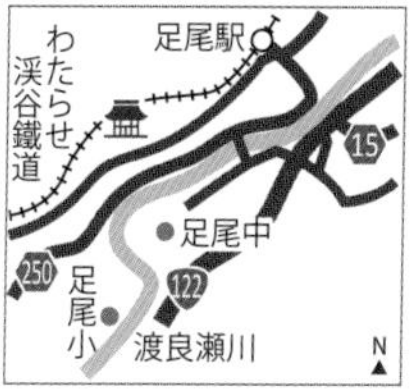

本堂

特別な金紙に「薬師如来」

日光山温泉寺《にっこうざんおんせんじ》

日光

奥日光の湯元にある日光山温泉寺。日光山輪王寺の別院で、全国でも珍しい、温泉に入ることのできる寺として知られる。

歴史は古く、日光開山の祖、勝道上人が788（延暦7）年、湧き出る温泉をこの地で発見し、病苦を救う「薬師瑠璃光如来」を祀ったのが起源といわれる。

1966（昭和41）年9月、台風による土砂崩れで本堂の薬師堂に直径5メートルほどの大岩が落下し、お堂がつぶれた。ところが、ご本尊の薬師如来像は無傷で岩の上に安座していたとされる。この奇瑞《きずい》に地元の人の信仰心はさらにあつくなり、お堂の再建を発願。1973(昭和48)年、源泉近くの地に温泉寺が建立された。

寺には健康を願って毎日参拝する人の姿も。本堂の別所には完全かけ流しの薬師湯があり、入浴に訪れる人も後を絶たない。

御朱印は京都から取り寄せた特別な金紙を用いる。中央には、薬師如来の梵字の入った朱印や、梵字を取り入れた「薬師如来」の墨書が達筆でしたためられる。本堂で毎日実施している写経を体験すれば拝受できる（法要日など除く）。

人見良典《ひとみりょうてん》執行は「写経は好きな時に体験できる。奥日光を楽しみ、温泉のある寺のことをぜひ知ってもらえれば」と目を細めた。

●日光市湯元2559
☎0288-55-0013
（中禅寺立木観音堂）
御朱印＊1000円
写経体験料を含む。

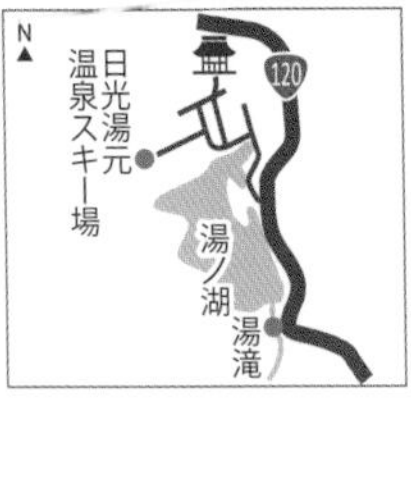

本堂

右肩に平氏の「揚羽蝶」

赤《あか》間《ま》神《じん》宮《ぐう》

日光

日本各地に残る平家落人伝説の地の一つとして、古くから伝わる日光市の湯西川温泉。落人たちの生活様式を後世に残そうと復元された施設「平家の里」の完成に合わせ、1985（昭和60）年、赤間神宮は平家の里内に創建された。壇ノ浦の戦いで崩御した安徳天皇を祀った、山口県下関市にある赤間神宮の唯一の分祠として知られる。

漆塗りの朱色の鳥居と社が特徴。神宮を管理する平家の里の八《や》木《ぎ》澤《さわ》利《とし》裕《ひろ》支配人は「下関の赤間神宮と同様に安産祈願や家内安全などの御利益がある」と説明する。

御朱印中央には「赤間神宮」の墨書き。正方形の朱印には、右側に「湯西川」、中央に「赤間神宮」、左側に「御分祠」と記されている。右肩には平氏の家紋の揚羽蝶の朱印が押される。左下には「平家の里」と墨書きされ、「平家の里之印」の朱印も。八木澤支配人の不在時は書き置きのみで対応する。

平家の里では夏はヤマユリの花が見頃を迎え、秋は紅葉で彩られるなど四季折々の自然の風景を観賞できる。八木澤支配人は「自然とともに、由緒ある神社で心安らかになってもらえれば」と話した。

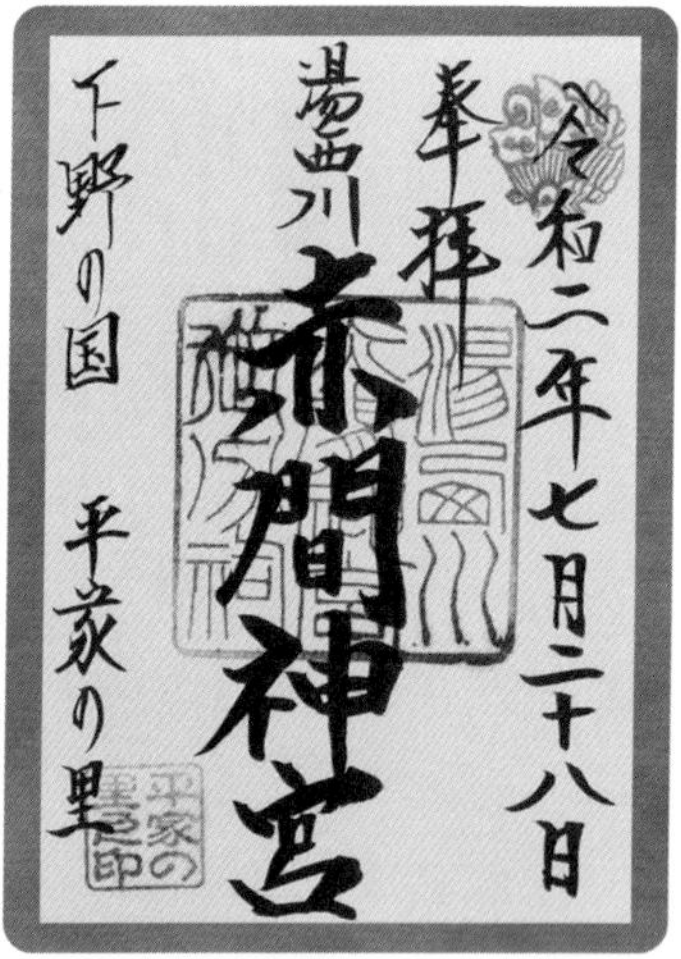

木々の中にたたずむ赤間神宮

●日光市湯西川温泉1042
☎0288-98-0126（平家の里）
御朱印＊300円
参拝時は平家の里入場料510円が必要。

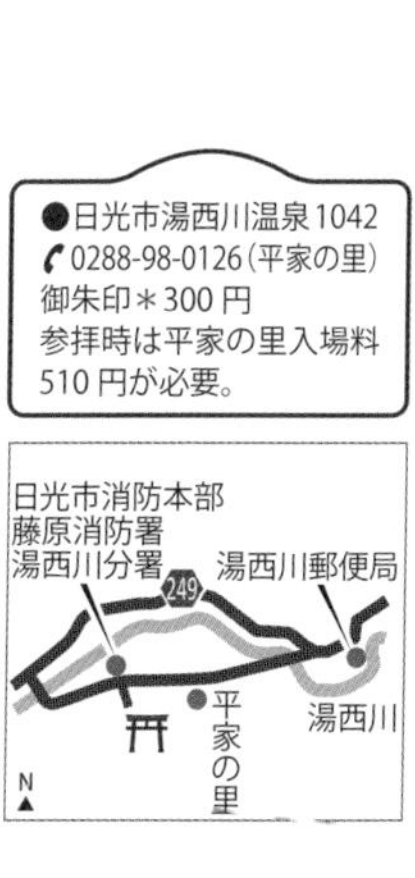

目を引く猿田彦のうちわ

庚申山《こうしんざん》猿《さる》田《た》彦《ひこ》神社《じんじゃ》

日光

日光市足尾地域にある霊峰・庚申山（1892メートル）は日光開山の祖勝道上人が難行苦行したと伝わる。その中腹に鎮座するのが庚申山猿田彦神社（庚申講中総本社）だ。

足尾の代表的な坑口の一つ、小滝坑の「山神社」として、1890（明治23）年に建立された。庚申山の奥の院に神霊を祀ったのが始まりといわれる。ご祭神は猿田彦大神、大己貴《おおなむち》大神、少名彦《すくなひこ》大神の三神で、交通安全、病気平癒などを願い県内外から参拝者が訪れる。

御朱印は小林《こばやし》まり江《え》宮司がしたためる。目を引くのが中央にあるオリジナルの印章。「猿田彦が手にしているうちわで、白ガラスの羽が7本付いている」と小林宮司は説明する。右上には庚申山の絵図とともに「下野國《くに》霊峰」の印、左下には神社名の朱印が押されている。

山道沿いの駐車場から庚申川の細い橋を歩いて渡ると、右手に社務所が見え、その先の階段の上に拝殿がある。階段の両脇にはコケが大切に育てられており、小林宮司は「コケの緑は人を癒やす力がある。何より、コケが育つような長い長い年月にわたり神様が人々の命を守り続けていることを感じてもらえれば」と思いを語る。

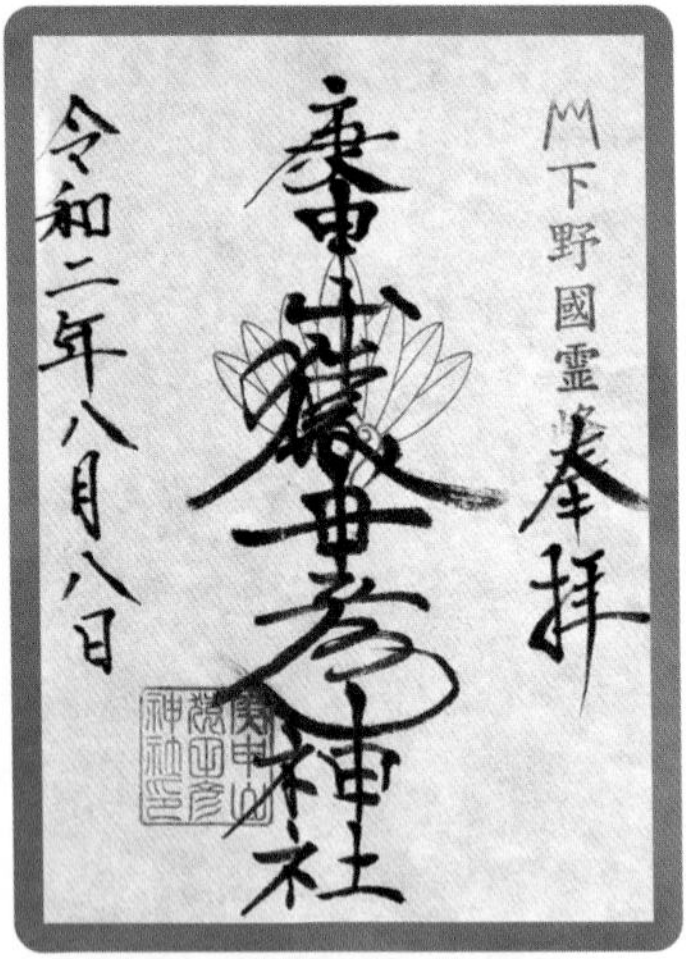

拝殿

●日光市足尾町5497
☎0288-93-3500
御朱印＊500円
拝受できるのは土・日・月曜の午前10時〜午後4時（月曜は午後1時半まで）。

社紋の巴と打ち出の小槌

日光二荒山神社《にっこうふたらさんじんじゃ》

日光

日光市山内にある世界遺産「日光の社寺」の日光二荒山神社。奥日光の中宮祠や男体山山頂の奥宮に対し、ここは本社と呼ばれる。そもそも二荒山は、ご神体である男体山の別称。「二荒」の音読みの「にこう」は「日光」の語源とされている。

正式名称は「二荒山神社」。宇都宮市の宇都宮二荒山神社と区別するため、日光二荒山神社と称されているという。

境内には、朋友《みとも》神社や大国殿など境内末社のほか、神楽殿や化灯籠、二荒霊泉など歴史を感じられる見どころが多数ある。

国重要文化財の本殿は現在、約60年ぶりの大修理がほぼ完了した。金色に輝く錺《かざり》金具など、真新しい姿を見ることができる。

札所で拝受できる御朱印は、上部に社紋の巴《ともえ》紋が押されている。主祭神である大己貴命《おおなむちのみこと》は「だいこく様」として親しまれていることから、右下に打ち出の小槌《づち》があしらわれ、丁寧に「二荒山神社」と書かれている。

斎藤芳史《さいとうよしふみ》権宮司は「御朱印はただの記念ではなく、お参りした印として大切に受け取ってもらいたい。1回限りとは言わず、いろんな思いを持って何回でも参拝してほしい」と話した。

世界遺産の日光二荒山神社

●日光市山内2307
✆0288-54-0535
御朱印＊500円

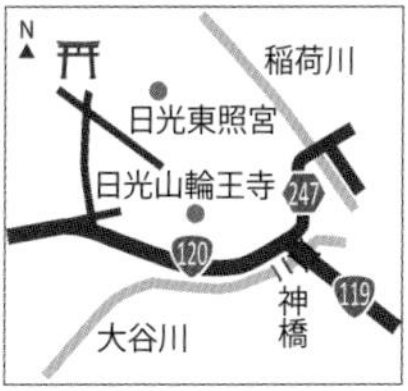

クジャクに乗る本尊の印

日光山輪王寺《にっこうざんりんのうじ》 常行堂《じょうぎょうどう》

日光

日光市山内の世界遺産・日光山輪王寺の常行堂は848（嘉祥元）年、慈覚大師円仁が創建したと伝えられる。90日間、仏様の周りを歩きながら念仏を唱える修行「常行三昧」が行われていたとされ、堂内は本尊の周りを回れる造りになっている。

本尊は「阿弥陀如来」。周囲には同じ姿の四菩薩が配されており、いずれも国の重要文化財に指定されている。

隣には法華堂が並ぶ。二つの堂が歩廊でつながっていることから「二つ堂」と言われる。二つの堂は比叡山延暦寺（滋賀県）の「にない堂」を模して建立された。二つ堂の形式が残るのは全国でもこの2カ所だけだという。

日光の社寺の世界遺産登録20周年を記念し昨年（2019年）、御朱印の種類を増やした。新しく加わった御朱印は宝冠をかぶりクジャクに乗った本尊の阿弥陀如来の朱印が特徴。印の上に阿弥陀如来を示す梵字「キリク」が書かれる。御朱印帳への直書きはしておらず、特別に用意したクリーム色の紙に墨書する。

常行堂は現在、先祖供養や水子供養など回向《えこう》の道場となっている。輪王寺の菅原道信《すがはらどうしん》教化部長は「今自分自身がここにいるのはご先祖さまがあってこそ。仏様を拝んでいただき、命のつながりを感じ取ってもらえれば」と話した。

法華堂（奥）と歩廊でつながる常行堂（手前）

●日光市山内2300
✆0288-54-0531
（日光山輪王寺）
御朱印＊300円
世界遺産20周年記念の御朱印＊500円

通庸の歌ちなみキツネも

三島神社《みしまじんじゃ》

那須塩原

栃木県令（知事）などを歴任し、那須野が原開拓の祖といわれる三島通庸《みちつね》を祀る三島神社。１９０６（明治39）年、塩原や地元住民らと三島家の協力で創建した。

日本遺産「那須野が原開拓浪漫譚」の拠点施設で塩原街道沿いにある「那須野が原博物館」のほど近くにある。鳥居に近づくと、那須塩原市在住の漫画家にわのまことさんが描いた、通庸の五男で陸上短距離の日本代表として初めて五輪に出場した三島弥彦《やひこ》の躍動感ある看板が目を引く。

御朱印は、神社の場所を示す「那須塩原鎮座」、通庸が１８８１（明治14）年に創建した「奥宮母智丘《もちお》神社」の文字の隣に「三島神社」と墨書されている。その上に三島家の家紋と同じ模様の神紋、中央に朱色の社印が押されている。

原野を前に通庸が詠んだ歌の一節「きつね鳴く　那須野が原も今年より　稲穂そよぎて　秋風ぞ吹く」にちなみ、愛らしいキツネなどのスタンプも押印されている。

「ぜひ参拝してもらい、神社の由来などを知ってほしい。御朱印巡りはそのいい機会になる」と相馬《そうま》秀和《ひでかず》宮司。拝殿まで歩を進めると、墨書が乾くまでの間に歴史や神事の意義などの教授も受けられる。

社殿

●那須塩原市三島5-336-5
☎0287-36-6803
御朱印＊500円

「雛めぐり」期間限定で

高林寺《こうりんじ》

那須塩原

那須塩原市高林の街なかを抜ける道に面した高林寺。地域活性化を目的に2018(平成30)年から境内で夏祭りが開かれ、本堂前では盆踊りのほか、君島真実《きみじままこと》副住職自らバンド演奏するなどの活動で老若男女から愛されている。

高林寺は鎌倉時代末期から室町時代に高林太郎左馬守《たかばやしたろうさまのかみ》の菩提寺として建立された。1600年代に大田原市の光真寺第6世電庵呑光《でんあんどんこう》和尚が再建。何度か火災に遭いながらも、1969(昭和44)年に現在の本堂が完成した。

御朱印には、人々の苦しみを助ける本尊「聖観世音菩薩」の文字を墨書。大きな朱印は仏法僧宝の文字が入った「三宝印」を表している。端正な字は君島春光《はるみつ》住職の手書きだ。

御朱印の提供は、黒磯の飲食店や旅館などでひな飾りを展示する「黒磯雛めぐりスタンプラリー」に合わせて今回初めて実施した(2020年1月15日~3月31日)。真実副住職は「地域あっての寺。御朱印をきっかけに、高林に来てもらえればうれしい」と話す。庫裡《くり》にはひな飾りも展示している。期間限定の御朱印を頂きに訪問し、周辺地域も観光してみては。

※今後の御朱印の実施については未定。

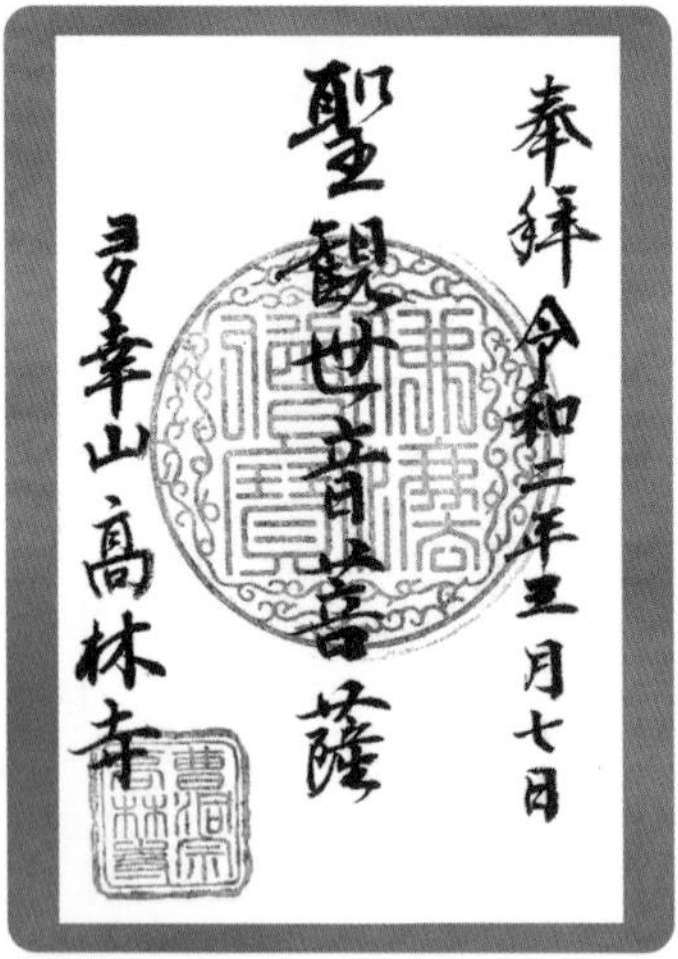

本堂

●那須塩原市高林454
✆0287-68-0104
御朱印＊500円

大日如来表す三つの宝珠

要金寺《ようきんじ》

那須塩原

県道沿いにあり、参道脇の枝ぶりの良いしだれ桜と藤棚が出迎えてくれる。山門をくぐると、左手に十二支の守り本尊「八対仏」が並び、正面に本堂がある。

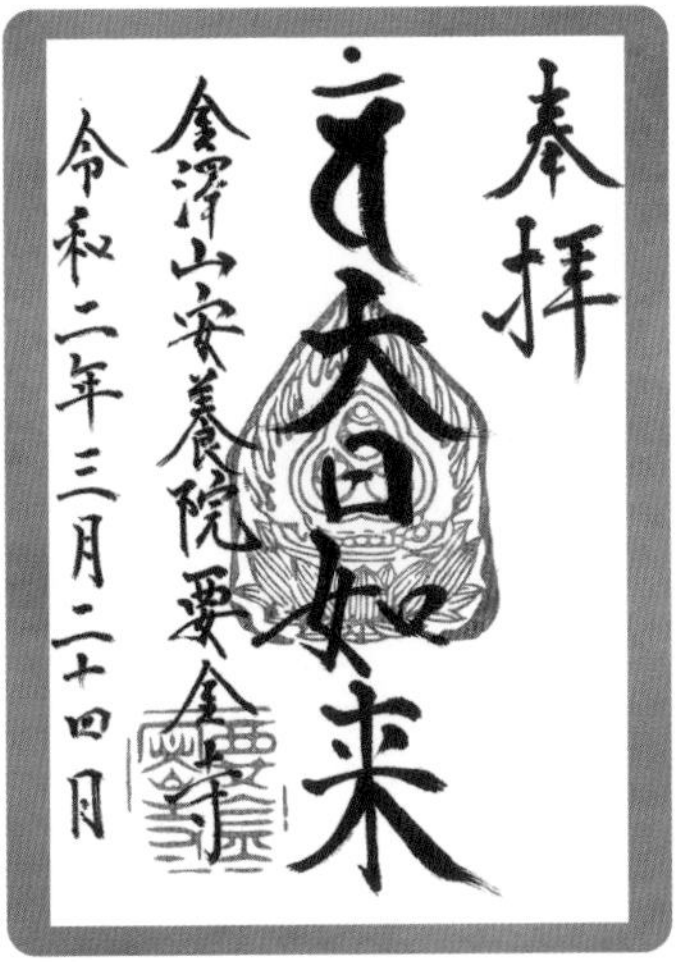

中には大和絵師毛利錠作《もうりじょうさく》による大作「久能山東照宮全図」と、息子で那須塩原市北弥六、画家雅治《まさはる》さんによるふすま絵が飾られている。

1661年ごろ（寛文年間）に寺を焼失し資料も逸失したが、寺伝によると平安期に建立し、1千年もの歴史がある。

その間、2度場所を移している。建立時の那須塩原市金沢の山奥から、室町期に山を下り、焼失後、現在の場所に再建した。

本尊も変わっている。もともと阿弥陀如来が本尊だったが、1949（昭和24）年に那須塩原市上大貫、運慶直流の仏師上田了慶《うえだりょうけい》が大日如来像を制作して以来、本尊となった。

御朱印は、その大日如来像を三つの宝珠で表した朱印の上に「大日如来」と記したシンプルなもの。「要金密寺」の押印もある。

第39代の糸井泰丈《いといたいじょう》住職は「本尊が変わったのは先々代の時。近隣との付き合いをとても大切にした人だから、そうしたことが関わっているのかもしれない」と話す。場所も本尊も変わりつつ1千年続く寺。桜の季節には写真撮影に訪れる人も多い。

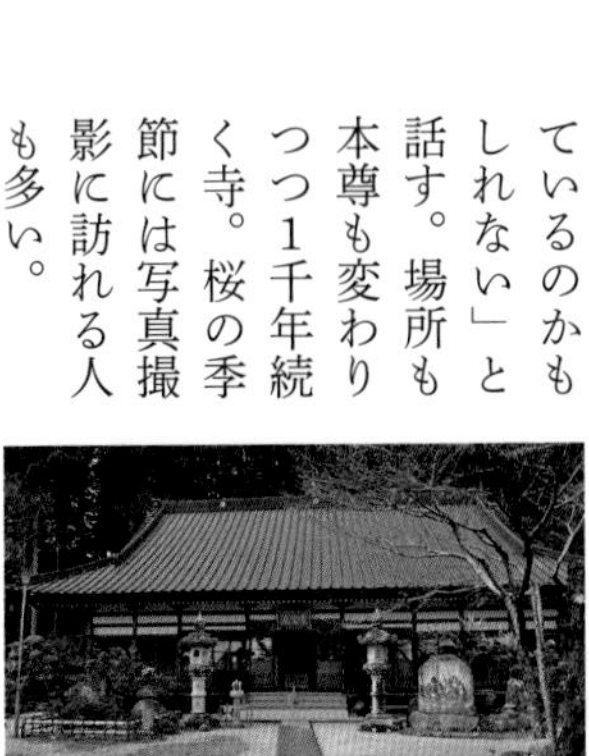
本堂

●那須塩原市金沢787
✆0287-35-2027
御朱印＊300円

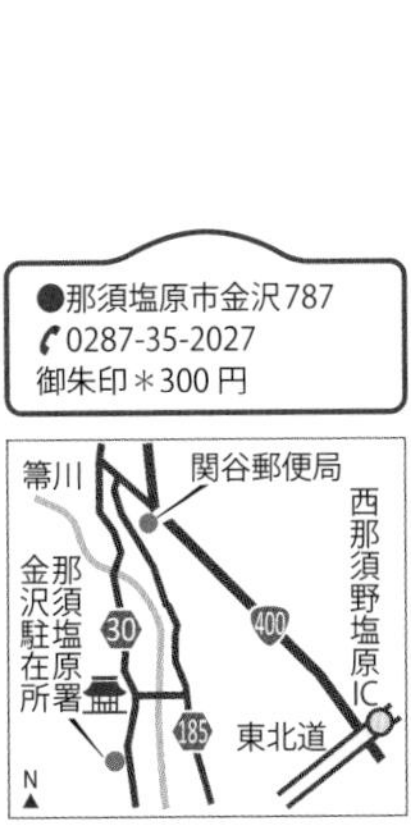

全ての人を敬う心　説く

等覚院《とうがくいん》

那須塩原

日蓮宗の開祖日蓮聖人の像を右手に見ながら進むと、1964（昭和39）年に建てられた本堂が見える。その右奥には、それ以前まで歴史を刻んだお堂が客殿としてひっそりとたたずむ。

紫雲山等覚院は黒磯の発展とともに約110年を歩んだ。親園村（現大田原市）で中津原蓮珠《なかつはられんじゅ》上人が開創。明治初期に京都の大本山、大光山本圀《ほんこく》寺から寺の名を与えられ、末寺となった。国道4号、那須疎水、鉄道の完成で黒磯の開拓が進む中、明治末期に親園から移転。仏具や座布団もないほどの貧しさだったというが、町の成長とともに寺も徐々に形作られた。

本尊は「久遠《くおん》の本師釈迦《ほんししゃか》牟尼佛《むにぶつ》」で、その後ろに大曼荼羅が描かれた小さな掛け軸がある。法華経を文字で表現したもので、親園時代から残るという。

日蓮宗は御朱印ではなく「御首題《ごしゅだい》」で、全て8代目藤崎善隆《ふじさきぜんりゅう》住職が書く。「南無妙法蓮華経」の文字に並べて「お釈迦様の前世といわれる常不軽《じょうふきょう》菩薩の教えで『全ての人に敬いの心を持ち、相手のことを大事に思って接しなさい』という意味」の教えを説いている。

新型コロナウイルス感染が拡大する中、「このような状況だからこそ人を責めず、お互いに尊重しながら過ごせば乗り越えられるのではないか」と投げ掛ける。

本堂

●那須塩原市高砂町5-41
☎0287-62-0187
御首題＊お気持ち
毎年８月の「とうがくいん　なつまつり」では本堂の中でコンサートやヨガなどの催しが行われる。

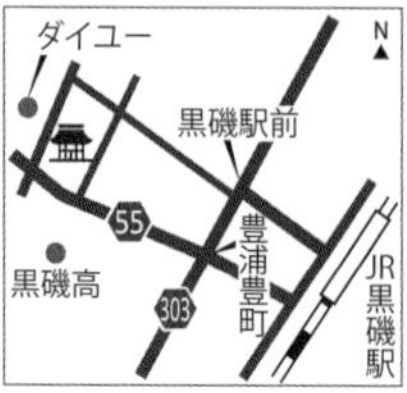

「大悲殿」に煩悩払う火炎

會三寺《えさんじ》

那須塩原

旧奥州街道沿いにある真言宗智山派の會三寺は、那須三十三所観音霊場の第6番札所。創建は１５７０（元亀元）年、謙応《けんおう》和尚が開山したのが始まりと伝えられている。山号は「普門山」。

境内には、享保の飢饉の餓死者や病死者を慰霊するための地蔵堂があり、１７７１（明和８）年ごろにできた。中には１００体近い地蔵尊像が安置され、死者を裁く「閻魔」と死者の着物を剥ぎ取る「奪衣婆《だつえば》」の座像も鎮座する。大《だい》宮司《ぐうじ》達也《たつや》住職は「閻魔と奪衣婆は、どちらも人間の死後の処遇を決める役割がある」と説明する。

地蔵堂は檀徒の助力を得て何度か再建しているが、格天井《ごうてんじょう》にはめ込まれた花鳥の絵は、１７７１年ごろに描かれたものが当時の姿のまま残っている。

御朱印は、中央に本尊の聖観世《しょうかんぜ》音《おん》菩薩の梵字と共に「大悲殿」と墨書されている。「大悲殿」とは、広大な慈悲の心を持つ聖観世音菩薩が安置されている建物を指す。中央の朱印は、煩悩を焼き払う火炎が本尊を表す梵字を囲むデザイン。

大宮司住職は「艱難辛苦から救ってくださる観音様をすがって、遠くから訪ねてくる人もいる。参拝の際は、手を合わせて感謝し、願いを祈ってほしい」と話している。

本堂

●那須塩原市寺子1246
✆0287-63-6913
御朱印＊300円

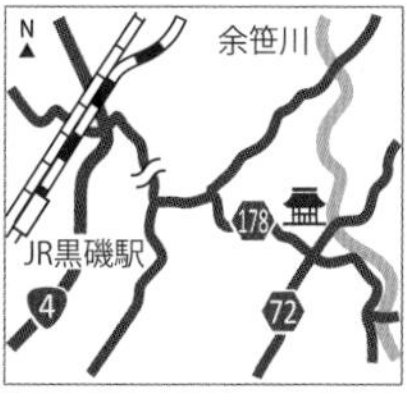

観世音の建物示す墨書

慶乗院《けいじょういん》

那須塩原

那須塩原市井口の高野山真言宗の慶乗院は、那須三十三所観音霊場の第14番札所。創建は1394（応永元）年と西那須野地区で最も古い。開基は興教大師《こうぎょうだいし》覚鑁《かくばん》上人。

創建当時、井口には温泉が湧いており、当寺の山号は「湯王山」になった。温泉は、1611（慶長16）年に起きた会津地震の影響で出なくなった。「この地の名はもともと『湯口』で、いまだにそう呼ぶ人もいる」と大森仁龍《おおもりにんりゅう》住職。

1944（昭和19）年には、空襲を避けるため東京から千駄木国民学校の児童と教師が寺に疎開していた。本堂正面の東側には疎開を記念した石碑がある。

寺には「菊花紋入供養塔」が建っている。1960（昭和35）年に付近の土中から掘り起こされた。戊辰戦争で大田原を攻撃した会津藩兵が、供養塔を壊して埋めたと伝わる。菊花紋は16枚の花びらを図案化した。皇室との関係を探るため宮内庁の職員2人が寺で調査したが、詳しいことは分からなかったという。

御朱印中央に聖観世音《しょうかんぜおん》菩薩を表す梵字の朱印を押し、観世音のいる建物を指す「真聖殿」と墨書する。

大森住職は「お参りの際は、供養塔や石碑を見て、この地の歴史に思いをはせてほしい」と話している。

●那須塩原市井口291
✆0287-36-6599
御朱印＊300円

本堂

本尊由来「白衣殿」の字

宗源寺《そうげんじ》

那須塩原

曹洞宗の日照山宗源寺。本尊は白衣観世音菩薩。本堂には坐像が鎮座する。

坐像は18世紀初頭に中国で作られた寄せ木造りの仏像。観世音が坐禅のため組んだ足を片方だけ下ろした姿が表現されている。「来てくれた人がいつでも本尊を見ることができるように」という高橋《たかはし》智純《ちじゅん》住職の思いもあり、本堂を常時開放している。

御朱印は全3種類。那須三十三所観音霊場第15番札所用に書かれた「白衣殿」は、この坐像に由来する。ぼけ封じ関東三十三観音霊場第25番札所、関東百八地蔵尊霊場第50番札所の御朱印も別に用意している。

寺の創建は1882(明治15)年。運送業を営んでいた井上松兵《いのうえまつべ》衛《え》が、妻が観音堂へお参りし子どもが生まれたお礼として、主導して寺を建てた。足利市樺崎町にあった宗源寺を現在の場所へ寺号を移し、後に本寺の高林寺(東京)から坐像をもらい受けた。

寺域内の檀信徒会館では日曜に参禅会を開催している。高橋住職は「心が乱れていると良い考えや行動に結び付かない。生きとし生けるものを大切に思いながら、今を大切にして生きましょう」と語った。

本堂

●那須塩原市東町1-8
☎0287-36-0168
御朱印＊各300円
御朱印は境内にある寺務所でもらえる。

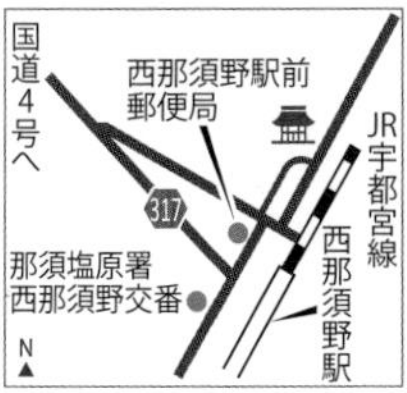

「観音霊場」5番札所の印

正福寺《しょうふくじ》

那須

奈良時代に都と東北を結んだ「東山道」が通っていたとされる那須町の伊王野地区。正福寺は813（弘仁4）年に徳一《とくいつ》上人が開基し、那須町内の寺で最も歴史がある。

寺は移転を繰り返した。当初、現在の場所から西方約1キロの「釈迦堂山」の南端の中腹にあった。室町時代中期、この地域を治めていた伊王野氏が霞ケ城を築城したため、寺はそれまで伊王野氏の館があった場所（現在の旧伊王野小）に移った。

1627（寛永4）年に伊王野氏が館に戻り、寺は別の場所に移転。しかし6年後に伊王野氏が断絶し、再び館の場所に。さらに1928（昭和3）年、旧伊王野小の用地拡張で現在の場所に移った。

本尊は聖観世音菩薩。御朱印の中央には「聖観世音」を墨書し、本尊を表す梵字をメインにハスの葉や火炎をデザインした朱印が押される。右下は山号、右上は那須町や大田原市などの寺で構成する那須三十三所観音霊場の第5番札所の印がある。

岡《おか》田《だ》尚友《しょうゆう》住職は「御朱印を頂くだけでなく、本尊様に手を合わせ、仏様に会えてよかったという気持ちになってもらえれば」と話した。

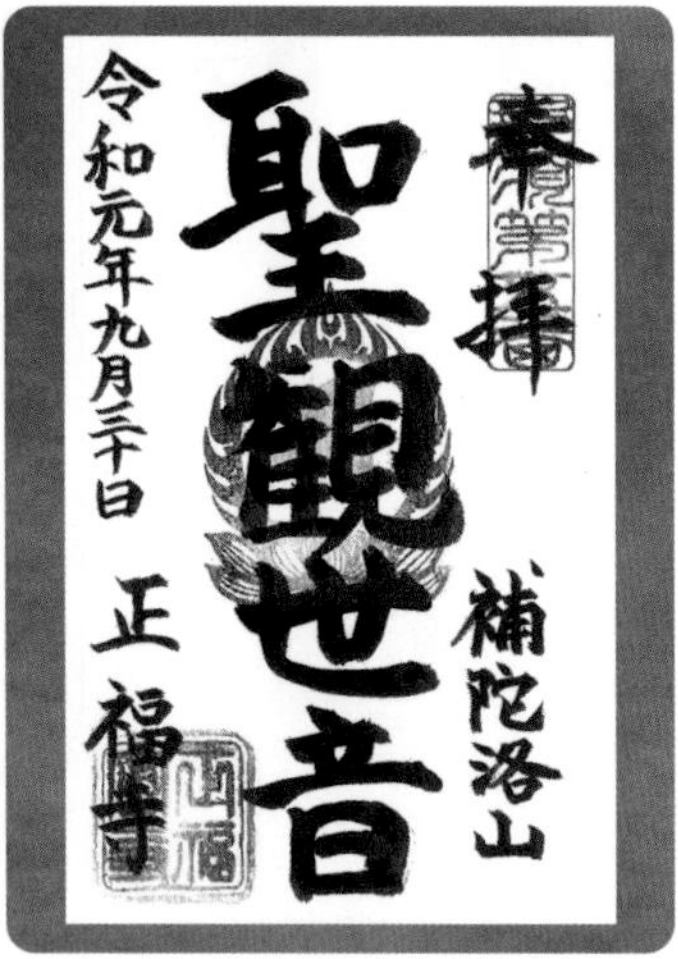

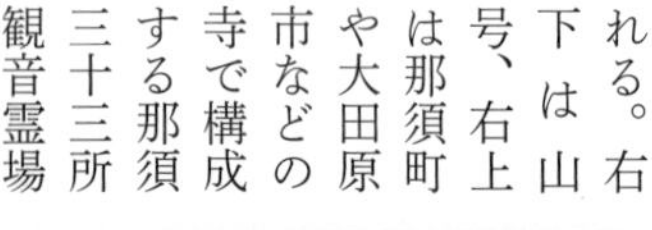
山門

●那須町伊王野 2003
☎0287-75-0401
御朱印＊300円

薬師如来の梵字が存在感

與楽寺《よらくじ》

那須

那須町寄居地区の中心にある與楽寺。開山は782（延暦元）年とされる。本尊はもともと聖観音だったが、1716（享保元）年に地区で疫病がはやり、当時の住職が薬の仏様とされる薬師如来を本尊として安置した。村人の安全を日夜祈願し、疫病は収まったと伝わる。

病気平癒のほか、乳児の夜泣きなどを防ぐ虫切り、厄よけなどの御利益があるという。山号は苦を抜くという意味の「抜苦山」。

関東91カ所の寺院で構成する「関東薬師霊場」の「第六十六番」。御朱印は、1990（平成2）年に頒布を始めた。

中央上部に墨書され、存在感を示す梵字は薬師如来を表す。印も、薬師如来を表す梵字が蓮華台に載っている。薬師霊場巡りで県外から訪れる人も多いという。

笹沼弘寿《ささぬまこうじゅ》副住職は「悩みや苦しみから救ってくださる仏様に手を合わせていただき、参拝の記念に御朱印を受け取ってください」と話す。

高さ10メートルほどの高台にあり、境内からは街全体を見渡せる。本堂までの石段は54段。往復で108段になり、「煩悩が消える」という。2019（令和元）年に台風19号が接近した際は避難所として活用されるなど、現在でも地域にとって重要な存在だ。

本堂

●那須町寄居1083
✆0287-74-0529
御朱印＊300円

慈悲心の聖観音を表す

揚源寺《ようげんじ》

那須

かつて武家屋敷が並んだ城下町として知られる那須町芦野に、御殿山芦野城の城郭の一部として16世紀ごろに建立された揚源寺。敵が攻めにくいように高所に建てられた寺の境内からは、那須連山が一望できる。

御朱印は中央に「大悲殿」と書かれ、慈悲心を持って人々の願いをかなえる聖観音を表している。朱印は火炎に囲まれた聖観音の梵字。右上には那須三十三所観音霊場の札所として「第九番」と記されている。

墨書する大場《おおば》宏雄《こうゆう》住職は、「話し好きな性格なんです」とほほ笑む。参拝客に積極的に話し掛けて悩みを聞き、「願いがかなえられるように」と毎度祈りを込めている。

境内を歩くと、町指定天然記念物で幹回りが4・5メートルの大木アスナロも見ることができる。「アスナロ不動尊」が鎮座する根元にはアルミや鉄、石などで作られた「不動尊の剣」が供えられている。願いが達成された参拝客が持ってくるという。

本尊は薬師如来。病気などの悩みを聞いてもらうほか、戦国時代に城を守った厄よけの場所で、地域の歴史に思いをはせてみては。

本堂

●那須町芦野2901
✆0287-74-0548
御朱印＊300円

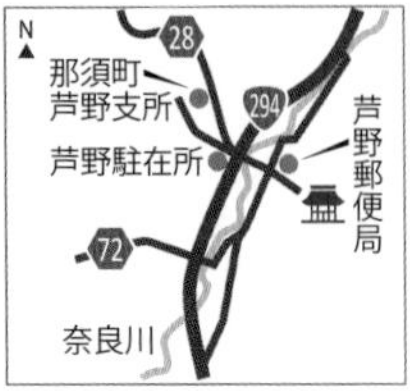

「仏、法、僧、宝」表す印

普門院《ふもんいん》

那須

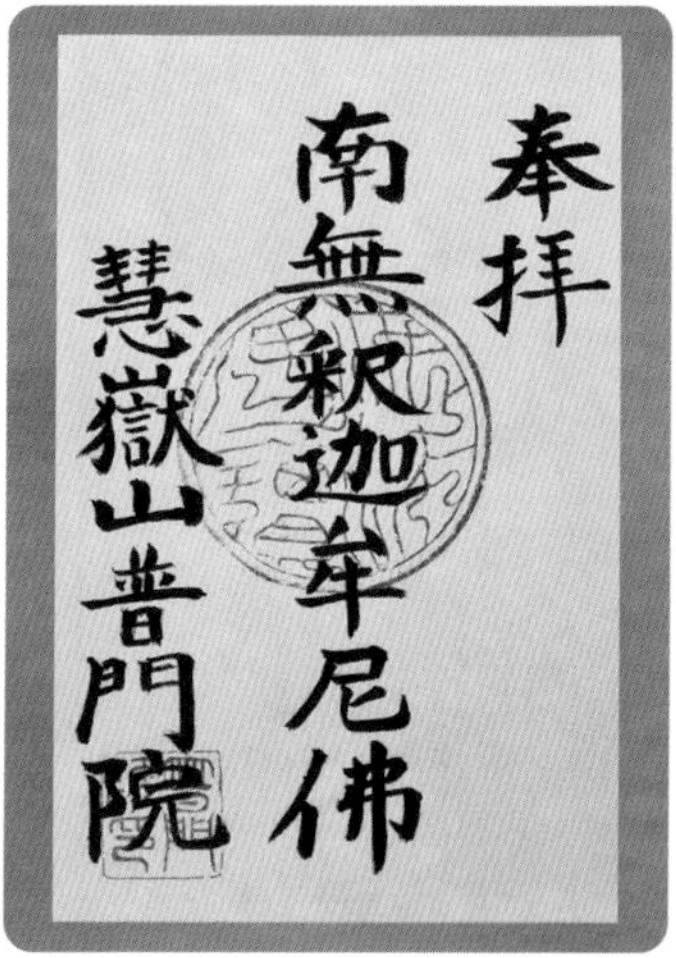

那須町役場の南東。ケヤキや杉の木立の中に参道があり、少し歩くと凛としたたたずまいの山門が現れる。木々のさざめきと鳥の鳴き声のみが響く境内で、自然と穏やかな気分になる。

1885（明治18）年、福島県白河市に「恵嶽山大敦寺《えがくさんだいとんじ》」という山号で建立された。1898（明治31）年に普門院と改称し、開発が進んでいた那須町の黒田原に布教するため出張所「顕忠山開草庵《けんちゅうさんかいそうあん》」を建立した。1918（大正7）年、普門院は開草庵と統合し、白河市から現在の地に移った。

本堂に本尊の釈迦牟尼仏《しゃかむにぶつ》が鎮座し、その奥には開草庵の本尊だった聖観世音《しょうかんぜおん》菩薩が置かれている。生田文丈《いくたぶんじょう》住職は「曹洞宗はお釈迦様を本尊としている。聖観世音菩薩はさまざまなものに姿を変え、人々を救ってくれる」と説明する。

御朱印は中央に「南無釈迦牟尼仏」と書かれ、「仏、法、僧、宝」を表す丸形の三宝印が押される。

宮大工がくぎを一本も使わず完成させた本堂は東日本大震災の際に被災し、改修工事が行われた。生田住職は「被災した時は頭が真っ白になった。多くの檀家さんが協力してくれた。とてもありがたかった」と当時を振り返った。

本堂

●那須町寺子乙3967
☎0287-72-0163
御朱印＊お気持ち
求める際は要連絡。

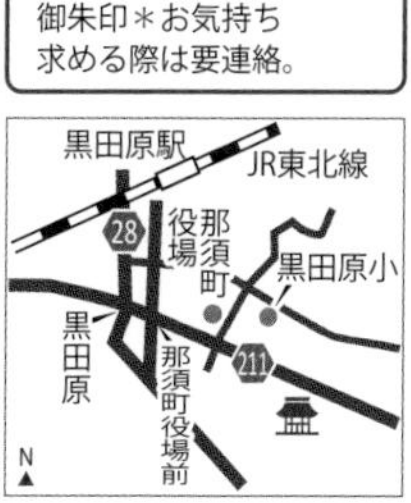

ハスの上に本尊の梵字

高福寺《こうふくじ》

那須

那珂川を挟んだ那須塩原市との境にある那須町の「高久のお寺」。県道脇に現れる威風堂々とした山門をくぐるとすぐに、俳聖・松尾芭蕉がこの地で詠んだとされる句碑が出迎えてくれる。

「落ちくるや　高久の宿の　ほととぎす」

芭蕉は旧暦1689（元禄2）年4月16日に高久に到着。ここで2泊、湯本で2泊し、芦野に至った。現在の暦では6月3日から7日に当たる。

楠本信良《くすもとしんりょう》住職は「殺生石に向かう際に雨に降られてこの地に足止めされ、名主のところで今で言う『民泊』したと聞いています」と話す。

寺は1460（長禄4）年開創。1887（明治20）年暮れの大火で全焼し、いったんは本尊も焼失したという。弘法大師ゆかりでも知られ、「腰掛石」や「弘法水」と呼ばれる境内南の池に流れ込む清水が今も残る。

御朱印は、本尊の聖観世《しょうかんぜ》音《おん》菩薩を示す梵字の下に「聖観音」と墨で書かれ、その上に立像として伝わる本尊を示す梵字とそれを支えるようなハスの朱印が押されている。傍らには「奥の細道関東路第三十二番」の押印と、寺名が記される。

訪れる人の中には奥の細道ファンも多く、句碑の拓本を取って帰る姿も珍しくないという。

弘法大師ゆかりの「腰掛石」の奥に見える高福寺の本堂

●那須町高久甲578
☎0287-62-1294
御朱印＊300円

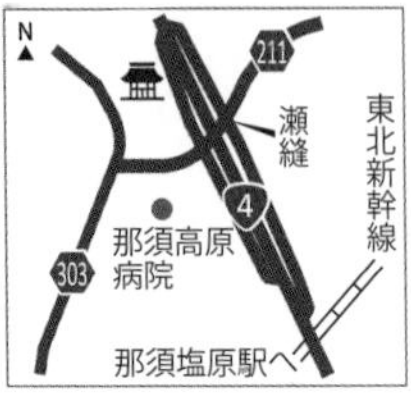

火炎の中に丁寧な筆致

長久寺《ちょうきゅうじ》

那須

旧奥州街道沿いにある高野山真言宗の長久寺は、那須三十三所観音霊場の第11番札所。創建は1625（寛永2）年、宥澄《ゆうちょう》和尚が開山したのが始まりと伝わる。山号は「瓔珞山《ようらくさん》」。

1909（明治42）年、火災により寺の宝や記録は全て焼失。翌年、町内の廃寺延命院の建物を譲り受け再建した。

寺の周囲は馬の生産地であり、明治ごろから軍馬の飼育も行われた。境内には種馬碑や馬頭観音の石仏があり、当時の人々が馬を大切にしていたことが伝わる。

寺の近くには不動堂がある。50年以上前、中にあった不動明王の木像の行方が分からなくなった。しかし5、6年前、人知れず不動明王の銅像が増えていたという。相馬照清《そうましょうせい》住職は「びっくりした。誰が置いていったのか」と不思議がる。

御朱印中央には煩悩を焼き払う火炎が本尊を表す梵字を囲むデザインの朱印を押し、本尊の聖観世音《しょうかんぜおん》菩薩の梵字とともに「大悲殿」と墨書する。「なるべく読みやすいように」と丁寧な字を心掛けているという。

アットホームな雰囲気で参拝者を本堂に招き入れ、話をすることもある。相馬住職は「寺の出入りの際、交通事故に気を付けて」と呼び掛けている。

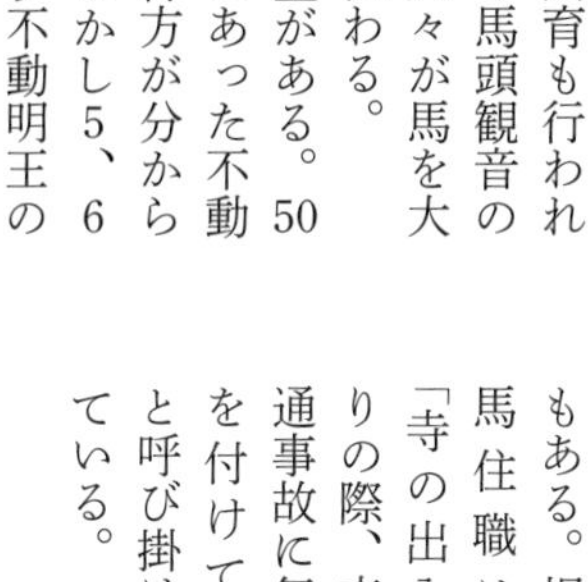

本堂

●那須町豊原丙2204
☎0287-72-6097
御朱印＊300円

社宝「降り面・照り面」の判

木幡《きばた》神社《じんじゃ》

矢板

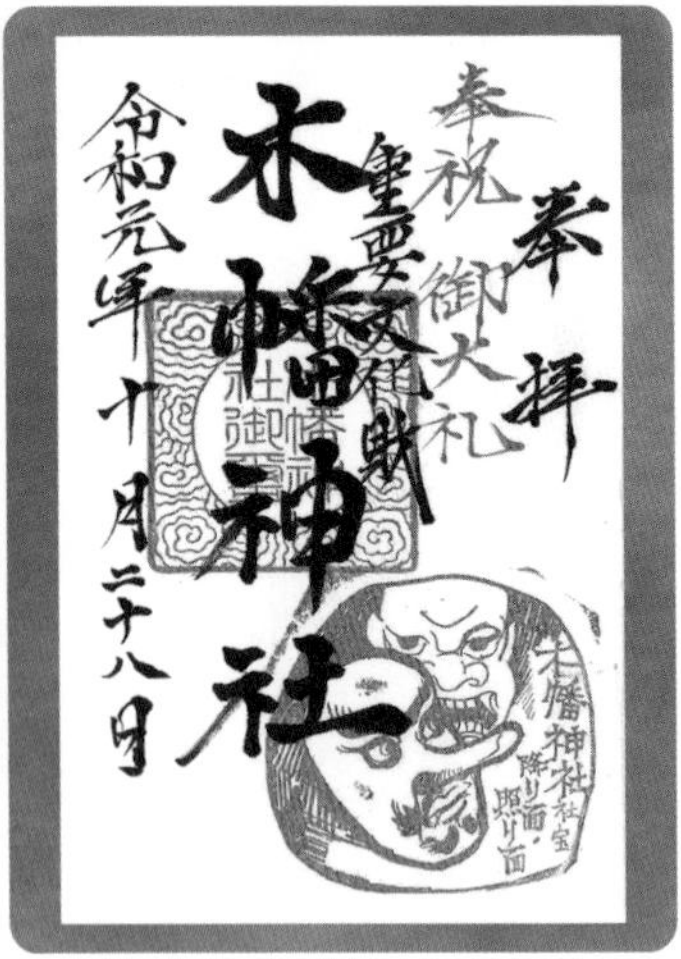

社宝の「降《ふ》り面・照《て》り面」の判が特徴的だ。平安時代に木幡神社を建立した武将、坂上田村麻呂と深いつながりがある。

蝦夷《えみし》征討に出兵した田村麻呂はこの地の峯村で宿陣し、崇敬していた山城国の許波多《こはた》神社に向かって「功あらば一祠を建立せん」と戦勝を祈願。凱旋途中に再び立ち寄った795（延暦14）年に、社を勧請したのが神社の始まりとされる。

その田村麻呂が作ったという伝説があるのが「降り面・照り面」。天皇の代替わりなど、数十年に一度しか一般公開されない秘宝で、かつては雨乞いや晴れ乞いに用いられたという。宮本《みやもと》勝利《かっとし》宮司は「面が赤いのは、田村麻呂の血によるものという言い伝えもある」と明かす。

御朱印は文字を墨で書くものと金粉で書くものの2種類あり、「降り面・照り面」の判は右下に押す。室町時代建立で本県最古の神社建築である楼門と本殿は国の重要文化財に指定されており、中央には「重要文化財　木幡神社」としたためる。

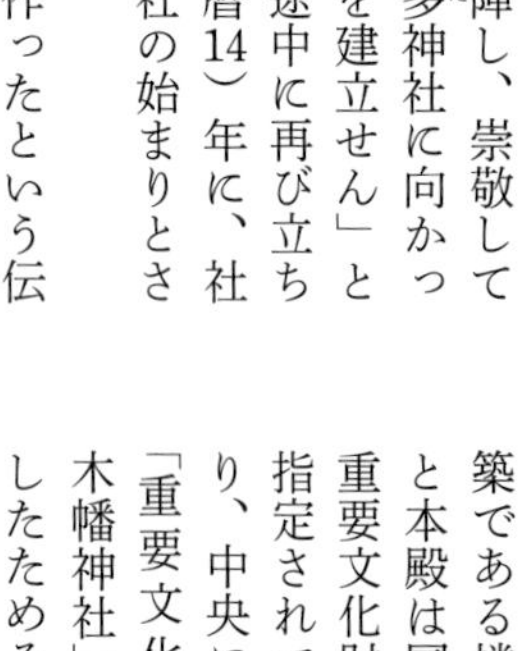
楼門

宮司は常駐していないため、御朱印が欲しい場合は連絡が必要になる。

宮本宮司は「御朱印を渡すときは、判の意味を説明している。歴史に思いをはせてもらえたらうれしい」と話している。

●矢板市木幡1194-1
✆0287-43-8634（宮本宮司）
御朱印＊300円

寺山観音寺《てらやまかんのんじ》

矢板

県道から脇道にそれ、スギに囲まれた山道を2キロほど上ると、60年に1度しか公開されない千手観音像を本尊とする寺山観音寺に到着する。

寺は724（神亀元）年、行基《ぎょうき》が剣が峰の麓に法楽寺を建立し、千手観音と両脇侍の不動明王像、毘沙門天像を安置したのが始まりとされる。法楽寺は雷火で焼けたが、無事だった千手観音などを806（大同元）年に徳一《とくいつ》上人が現在地に移したという。

現在の観音堂と楼門が建てられた時期は不明。本尊が甲子の年にのみ公開される秘仏となったのは江戸時代からとされ、次の公開は2044年を待つことになる。

御朱印は中央に「千手観世音」としたため、梵字「キリク」の判を押す。寺山観音寺は小字からくる呼び名で、正式名称は与楽山大悲心院観音寺であることから、山号の「与楽山」の文字も記す。

寺紋の扇の中に「下野テラヤマ観音寺」と昔ながらに右書きする印と、下野三十三観音霊場の第7番札所であることを示す印も押す。欲しい場合は庫裏で申し出る。

寺は木々に囲まれ、周辺は緑地環境保全地域に指定されている。松平祐宣《まつだいらゆうせん》住職は「静けさを保ったいい場所なので、清らかな気持ちで訪れてほしい」と願っている。

●矢板市長井1875
✆0287-44-1447
御朱印＊300円

観音堂

信仰願い「南無」の文字

澤観音寺《さわかんのんじ》

矢板

矢板市北東部の沢地区。鎌倉時代初期に那須与一の兄満隆《みつたか》が築いた沢村城の二の丸跡に澤観音寺はひっそりとたたずむ。825（天長2）年、宥印《ゆういん》上人が沢地区に隣接する土屋地区に建立したのが始まりとされる。沢村城の築城後は城主の菩提寺となり帰依を受けた。室町時代に廃城となった後、跡地が那須家から寄進され、1431（永淳3）年に現在地に移築された。

県指定有形文化財で、鎌倉時代作とされる千手観音坐像は、本堂東の千手千眼堂（観音堂）に安置されている。千手千眼堂の地下には45年前に整備した霊場があり、観音像や地蔵などが60体ほど並ぶ。

御朱印の中央には「南無観世音」としたため、梵字「キリク」の判を押す。矢《や》板秀臣《いたしゅうしん》住職は「『南無』とお唱えしてもらいたいという思いで書いている」と明かす。

澤観音寺は通称のため、正式名の「補陀洛山千手院観音寺」と記す。右上には下野三十三観音霊場の第8番札所であることを示す印を、左下には「地下三十三観音霊場澤観音寺」という印を押す。

矢板住職は「世の中には自分の思い通りにならないことも多い。信仰を持ち、困った時に祈ることで力がもらえると思う」と話している。

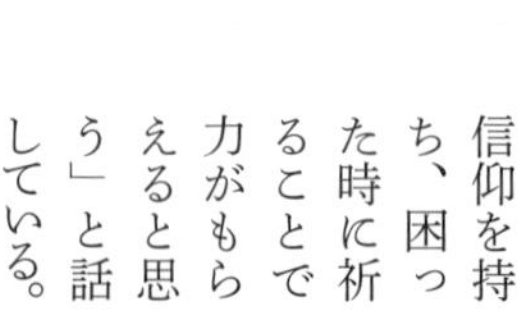

千手千眼堂

●矢板市沢393
☎0287-44-0548
御朱印＊300円
庫裏に申し出る。

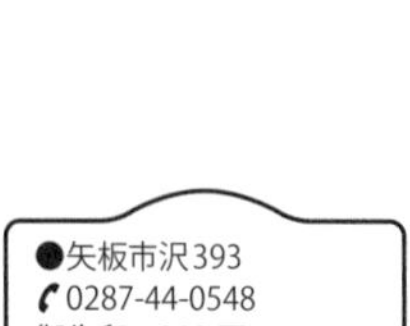

伝統の烏山和紙を使用

八雲神社《やくもじんじゃ》

那須烏山

那須烏山市役所烏山庁舎の北側。鳥居をくぐり、色づいたイチョウとカエデを見上げながら石段を上がった所に、八雲神社の拝殿が建つ。

1560(永禄3)年、当時の烏山城主那《な》須《す》資胤《すけたね》が天下太平や五穀豊穣などを祈願するため、大桶村から天王を移し、牛《ご》頭《ず》天王と称したのが神社の由来とされる。ユネスコ無形文化遺産で那須烏山市の夏の風物詩である山あげ祭の祭事「烏山の山あげ行事」とも深い関わりがある。八雲神社祭礼の余興として相撲や神楽などを奉納したのが、山あげ行事の始まりという。

拝殿

御朱印は、神社の場所を示す「野州烏山鎮座」の文字の隣に「八雲神社」と墨書され、中央に朱色の社印が押されている。

最大の特徴は、1300年の歴史を持つ那須烏山市特産の烏山和紙を使用していることだ。八雲神社祭典奉賛講《ほうさんこう》責任役員の福《ふく》田《だ》尚博《なおひろ》さんが和紙すきを30年間行っていたこともあり、使用することを発案した。神社関係者が手書きしている。

福田さんは「和紙は墨を吸い、文字に味わいが出る。市外から訪れて感激される方も多いですよ」と話し、山あげ祭とともに脈々と伝わる烏山和紙の魅力を強調した。

●那須烏山市中央1-16-1
0287-82-2384
御朱印＊500円
社務所で書き置きを渡す。

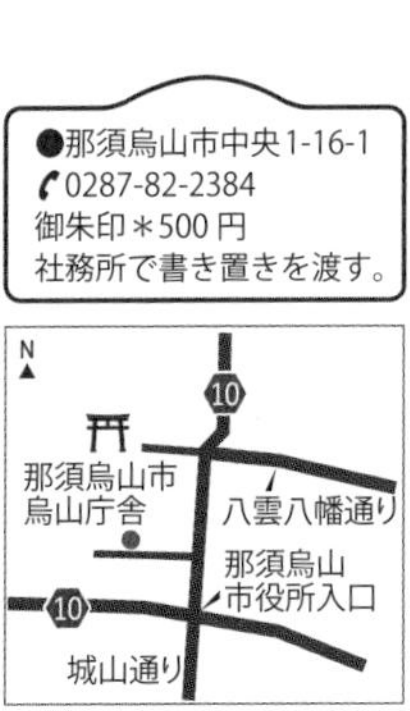

金のトンビ、銀のイノシシ

愛宕神社《あたごじんじゃ》

那須烏山

那須烏山市の北端、志鳥の地に鎮座する愛宕神社。全国でも珍しい石と木が組み合わされた一の鳥居をくぐって石段を上り、二の鳥居を過ぎると拝殿や本殿、神輿殿などが現れる。

1590（天正18）年、成田下《しも》総守《ふさのかみ》が烏山城に移った時に、守り神の愛宕神社を城南の山麓に勧請したのが始まり。この地の火防を願ったと伝えられ、開運や火防の御利益があるとされる。1919（大正8）年に現在地に遷座され、2019（令和元）年100年の節目を迎えた。

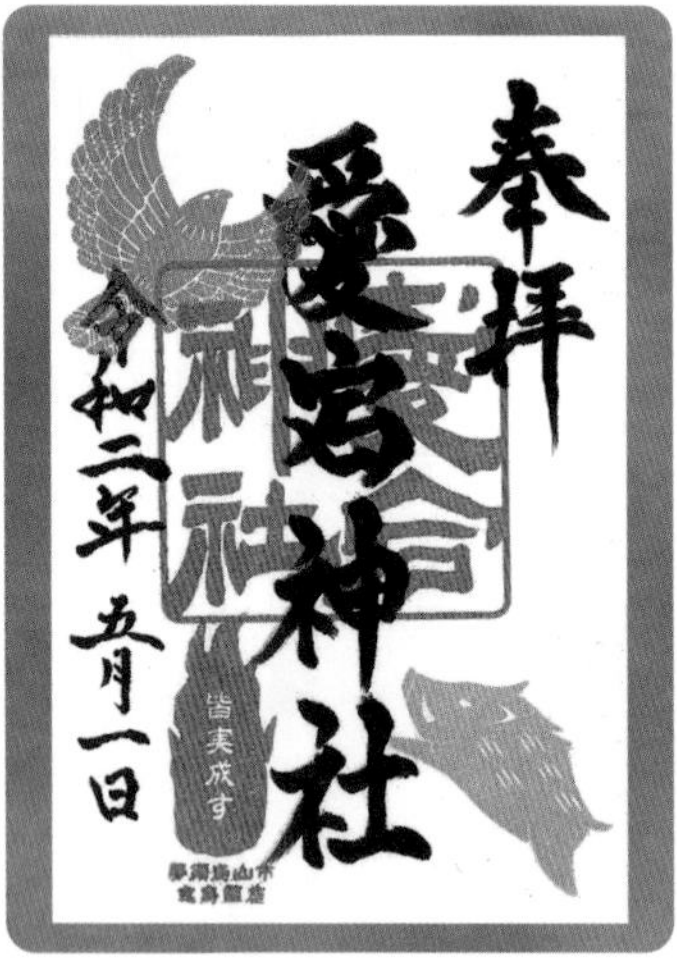

御朱印には神の使いであるトンビとイノシシの印が押されている。「金鵄《きんし》」「銀亥《ぎんい》」として祀っているため、トンビが金色、イノシシが銀色になっているのが特徴だ。

火防を表す炎の中には「皆実成す」の文字。これは合併前の南那須町をもじったもので、当時の町長が「みんなで実を成す」という思いを込めてよく使っていた言葉だそうだ。

筆を執る責任役員の滝口《たきぐち》良一《りょういち》さんによると、新型コロナウイルスの感染拡大に伴い、御朱印と疫病よけのお守りをセットで求める人が増えたという。

滝口さんは「コロナの終息を願い、健康に留意してお参りに来てほしい」と静かに話した。

拝殿

●那須烏山市志鳥1066
✆0287-88-8630
御朱印＊500円

心落ち着く穏やかな書体

安楽寺《あんらくじ》

那須烏山

那須烏山市役所南那須庁舎の西側にある真言宗智山派の安楽寺は、関東八十八カ所霊場の第28番札所、那須三十三所観音霊場の第27番札所として知られる。

創建は平安時代の807（大同2）年、徳一《とくいつ》上人が開山したのが始まりと伝えられている。本尊薬師如来像は同時代末期の特徴を持つ仏像として、県の文化財に指定されている。

1595（文禄4）年、賢海和《けんかいわ》上《じょう》が荒廃した寺門を復興し、寺名を安楽寺と改めたとされ、賢海和上を中興開山第一世とし、現在まで五十世を数える。

50代目の村上英智《むらかみえいち》住職が差し出した御朱印は、今年（2020年）1月に亡くなった父で先代の住職、正《しょう》英《えい》大僧正が書き残した物だ。

中央に大きく墨書された「大悲殿」は、観世音菩薩が安置されている建物を指す。英智住職は言う。「穏やかで丸みのある字が特徴でした。私が似せて書こうと思っても、同じ物は書けません」

御朱印を眺めると、自然と心が落ち着いていく。一方、英智住職が書いた御朱印も先代とはまた違った趣がある。一筆一筆心を込めて書かれた御朱印。寺社に参拝した証しとして、大切に保管していきたい。

●那須烏山市田野倉285
✆0287-88-2072
御朱印＊300円

本堂

気持ち込めた丁寧な楷書

小川温泉神社《おがわゆぜんじんじゃ》

那珂川

　小川温泉神社は旧小川町の中心部、那珂川町小川公民館と那珂川町小川郷土館の隣に位置する。二つの鳥居をくぐると左に樹齢推定約600年、高さ約15メートル、幹回り約4メートルの杉のご神木が立ち、その先に拝殿がある。

　神社の創立年代は不詳だが、社伝によると大昔は尾川大明神と称したという。1125(天治2)年、藤原貞信が八溝山の賊徒討伐にあたり尾川大明神に祈願し、速やかに平定した。

　温泉神社への改称は、1193(建久4)年に源頼朝が那須野巻狩を行う際、那須太郎資光《なすたろうすけみつ》が祈誓した際に行われたとされる。

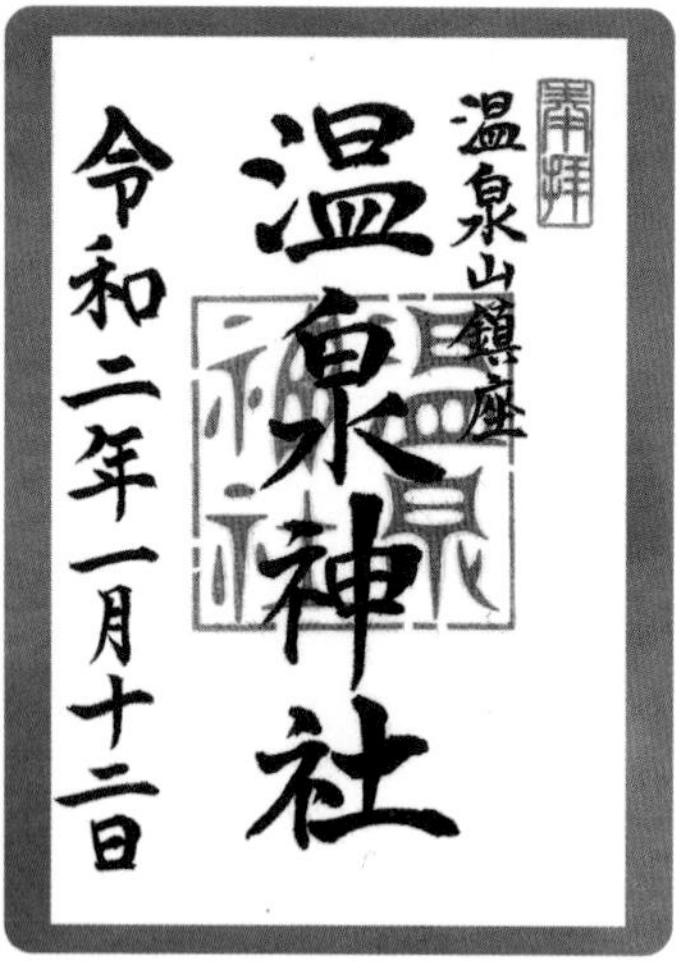

　御朱印には、小高い丘にあることを示す「温泉山鎮座」と「温泉神社」が墨書され、中央に社印が押されている。

　字体は丁寧な楷書で、佐《さ》藤有《とうたもつ》宮司が一筆一筆時間をかけて書き上げる。「参拝者への気持ちを込めて書いています」と佐藤宮司。御朱印のやりとりを通じて参拝者とコミュニケーションが図れ、会話が弾むことも多いという。

　「御朱印ガール」や年配の夫婦など、県外も含め幅広い年代が御朱印を求めて訪れる。参拝後は、近くにある「まほろばの湯　湯親《ゆしん》館《かん》」など、神社名の由来となったであろう温泉で身体を温めるのも良さそうだ。

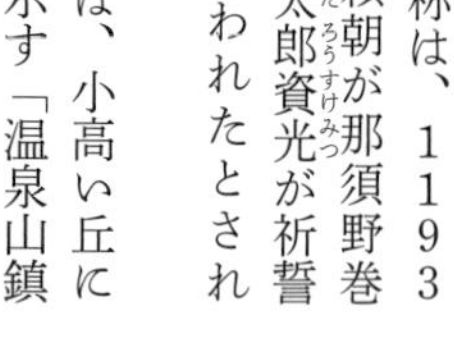
拝殿

●那珂川町小川2486
✆0287-96-3580
御朱印＊500円
神社近くの社務所（小川660-1）で受け取れる。

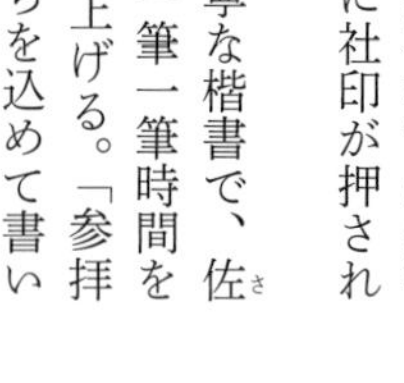

豪快かつ力強い筆致の書

静《しず》神《じん》社《じゃ》

那珂川

那珂川町馬頭地区の中心部、馬頭広重美術館の裏山に鎮座する静神社。約170段の急な石段があり、息を切らして登り切ると、杉木立の中に拝殿や本殿がひっそりとたたずむ。

いつ創建されたかは明らかでないが、古くから馬頭地区にあったとされる。中世には「八幡宮」として、この地を支配した武茂《むも》城主の守り神であり、後には佐竹城主の守護神として崇敬保護されていた。

その後、江戸時代に水戸領となったため静神社に改名し、1901（明治34）年に武茂城跡中腹の現在地に遷座した。毎年5月に行われる例大祭は「たけのこ祭り」と呼ばれ住民から親しまれている。

拝殿

御朱印は、西山高彰《にしやまたかあき》宮司による豪快かつ力強い筆致が目を引く。中央の朱印には「下野国馬頭静神社印」の文字。西山宮司は「書道の経験がないもので……」と謙遜しながらも「心を静め、丁寧に書いていています」と思いを語る。

神社の周辺には武茂城主の菩提寺として知られる乾徳寺や、水戸藩主徳川光圀公ゆかりの馬頭院もあり、歴史散策中に御朱印を求める人も多いという。美術館巡りも含め、歴史と文化を堪能しに訪れてはどうだろう。

●那珂川町馬頭2576
✆0287-92-2311
御朱印＊500円

御朱印集めQ&A

Q　行けば必ずもらえますか？
A　ほとんどの御朱印は、宮司さんや住職さんが社務や寺務をしながら書いてくださっています。諸事情により頂けないこともあります。無理なお願いはやめましょう。

Q　どこの社寺でもやっていますか？
A　授与していない社寺もあります。またどの社寺もコロナ禍の状況により授与の有無や方法について変更になる可能性があります。心配な場合は事前に確認を。

Q　誌面に載っていた御朱印が欲しいのですが……
A　御朱印はひとつひとつ手書きする場合が多いので、同じでない場合もあります。それはそれと受け止めましょう。

Q　効率よく巡って集めたいです！
A　本来、御朱印はお参りや納経のしるしとして頂くもの。スケジュールはゆったりが良いでしょう。

Q　御朱印帳はお寺と神社で分けたほうがいいですか？
A　決まりはなく、分けなくても大丈夫ですが、分けたほうが望ましい、という社寺もあるようです。

Q　「お気持ち」とはいくらですか？
A　明記している社寺の場合、300円・500円・それ以上、ということが多いです。「お気持ち」でかまいませんがおつりの無いよう用意したいものです。

Q　御朱印帳はどこで買えますか？
A　文具店や、雑貨も置いている書店、ネットなどで買えます。オリジナルの御朱印帳を販売している社寺もあります。価格の平均は1500円程度です。

Q　集めた御朱印帳を人にあげてもいいですか？
A　特別な理由で代理でお参りした、など以外意味のないものになってしまいます。フリーマーケットなどでの販売も同様です。

県央

宇大教授の字を印に

八坂神社《やさかじんじゃ》

宇都宮

JR宇都宮駅に近い八坂神社は、宇都宮城の北東に位置し、鬼門封じとして知られる。また田川の治水の神として信仰を集める。主祭神は須佐之男尊《すさのおのみこと》だ。

JR 宇都宮駅に近い八坂神社

御朱印は、中央に今泉地区に鎮座していることを表す「今泉八坂神社」と書かれ「八坂神社」と彫られた印が押されている。左下の日付部分には宇都宮大教授として書道を教えていた先代の宮司、故葭田真斎《よしだしんさい》さんが書いた「今泉八坂神社」の字を彫った印が押されている。

八坂神社は地域の氏神様として親しまれ、節分は近隣の保育園児を招いた子ども豆まきを行い、夏祭り(天王祭)には陽北中美術部が飾り物を設置するなど、地元の人たちが行事に関わりもり立てている。

近年は御朱印ブームの影響で、若い観光客の参拝が目立つようになった。境内には朱塗りの橋が架けられた池があり、コイに餌をやったり旅の思い出を撮影したりする姿が見られる。

禰宜の葭田真彦《まさひこ》さんはブームを「地元の人には地区の再発見につながり、若い人にとっては神社を知るきっかけになる」と捉え、温かく参拝客を迎えている。

●宇都宮市今泉 4-16-28
☎028-621-0248
御朱印＊300 円

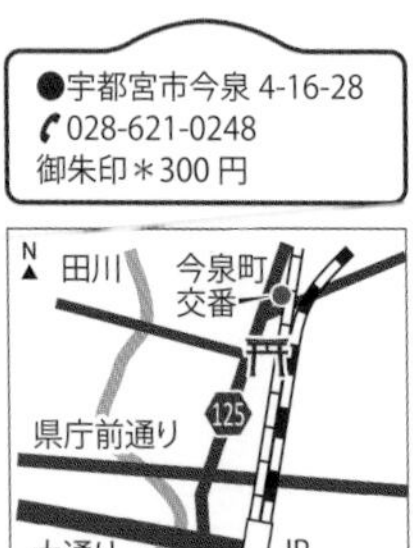

長寿願う大僧正の文字

金剛定寺《こんごうじょうじ》

宇都宮

樹齢約450年のカヤの木が立つ広い境内。県指定天然記念物のこの樹木は一年を通して緑が茂り、秋には香ばしいにおいの実がぼろぼろと落ちる。創建1278（弘安元）年。金剛定寺は過去3度の火災を乗り越え、市街地から離れた宇都宮市南東部に鎮座している。

平沢照隆《ひらさわしょうりゅう》住職によると、御朱印は先代住職の故照晋《しょうしん》大僧正の代に、関東百八地蔵尊霊場の第46番札所を示すために始まった。ハスの花の中に地蔵を表す梵字、その上には長生きを願う「南無延命地蔵菩薩」の文字を記している。印刷ながら端正な筆跡は、大僧正まで務めた先代の品格を感じさせる。

御朱印を求める来訪者には、必ず本堂へのお参りを勧めている。平沢住職は「お参りをしないことには意味が無い」。本尊は大日如来で、境内の地蔵堂には勝軍地蔵も祀っている。

お釈迦様の誕生を祝う4月8日の「花まつり大会」では、2018（平成30）年から本堂前でのジャズバンド演奏を始めた。ジャズ好きの平沢住職が「皆さまに還元するようなことがしたい」と企画し、好評を得ている。

普段の境内は、葉の揺れる音が聞こえるほど静か。平沢住職は「最後までお釈迦様の教えにのっとり、修行に励みます」と穏やかに語った。

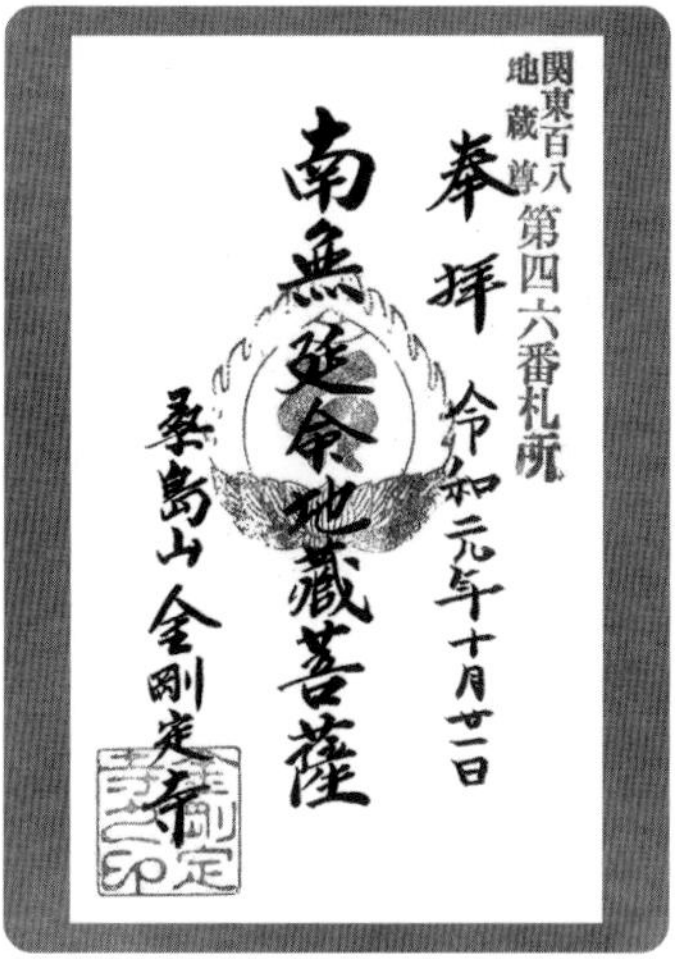

●宇都宮市上桑島町1041
☎028-656-2412
御朱印＊200円

本堂

前方後円墳を模した印

蒲生神社《がもうじんじゃ》

宇都宮

県庁の北東側、塙田トンネルのすぐ脇に建つ大きな鳥居をくぐり、石段を登ると、木々に囲まれた蒲生神社境内に達する。思わず、市中心部であることを忘れてしまうほどの静けさだ。

祀るのは地元出身の江戸後期の学者蒲生君平（1768〜1813年）。各地の天皇陵を研究した史書『山陵志』を著した。古墳の形式の一つ「前方後円墳」の名付け親でもある。

郷土の偉人顕彰の機運が高まり、1926（大正15）年に創建された。学問の神様を祀る、合格祈願の神社として知られる。

拝殿（正面奥）。右手前に立つのは高さ約7メートルの「学問の神　御柱」

御朱印は、右上に前方後円墳をかたどった印、左下には「合格」をかけた五角形の印が、それぞれ押される。中央の「蒲生神社」の印は、文化勲章を受けた金工の第一人者香取秀真《かとりほつま》（1874〜1954年）の作で、創建時に足利出身の考古学者丸山瓦全《まるやまがぜん》（1874〜1951年）が奉納した。葭田《よしだ》孝《たかし》宮司は「立派な方が作った、ありがたい御朱印。神社の宝です」と話す。

例年、年末の本格的な受験シーズンを迎えるころ、境内には翌春の合格を願う真新しい絵馬が揺れる。

●宇都宮市塙田5-1-19
✆028-622-4852
御朱印＊300円

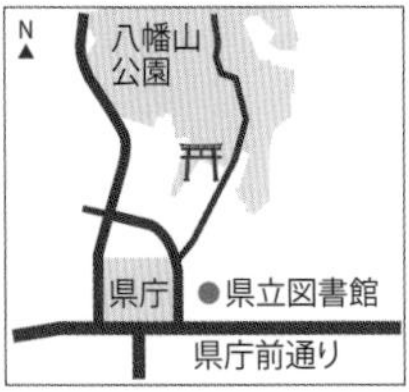

「閻魔大王」金色で記す

光琳寺《こうりんじ》

宇都宮

もみじ通りを西に進み、閑静な住宅街に入ると、重厚感のある山門がたたずんでいる。

光琳寺は1425（応永32）年に建立。現在の松が峰に位置し、宇都宮城の堀に寺が映る姿から「清映山松寿院」と号が付いたという。1605（慶長10）年、六道に再建した。

御朱印はブームなどを受け、2018（平成30）年に一新した。平安時代、弘法大師が六道の地に安置したとされ、子どもたちに善悪を教える存在として地域で信仰される秘仏「閻魔大王」を金色で記している。

「本来、御朱印は写経を修めた証しだった。寺に足を運び、行を終えた方に正式な印を差し上げたい」と井上広法《いのうえこうぼう》副住職。金字の御朱印は毎月1日、寺で行っているラジオ体操や朝参りに通い、スタンプを12個集めた人に無料で授けている。普段の参拝者は黒字のみ。

通り名の由来となったモミジの木を、街に復活させるため2018年、山門前に植えた。今秋（2019年）、葉は色鮮やかに染まった。「寺は人と人をつなげる場所。時代とともに変化しながら、地域のよりどころであり続けたい」という井上副住職の思いを代弁するように、地元住民の目を楽しませている。

モミジが目を引く山門

●宇都宮市西原 1-4-12
☎028-634-9658
御朱印＊300円

寺宝と心の安寧を願う

清泉寺《せいせんじ》

宇都宮

宇都宮市北部の上河内地区にある浄土宗清泉寺は地域住民に親しまれ、地区のウオーキング大会のルートにもなっている。

御朱印は中央に「仏・法・僧」の三つの文字を刻んだ印が押され「平安阿弥陀佛」の文字が書かれている。左下は「清泉寺印」と彫られた印と寺の名を記す。

この「平安阿弥陀佛」は、寺の宝物であり県有形指定文化財の阿弥陀如来立像に由来する。本堂に安置された立像は、丸くなだらかな肩や穏やかな表情、彫りの浅い衣装のひだなどの作風から12世紀中頃、京都で作られたとされる。

阿弥陀如来立像が安置された本堂

「平安時代の仏像を参拝することで心の平安も得てほしいという思いを込め書いています」と山田《やまだ》孝《こう》英《えい》住職は語る。

寺では貴重な仏像をはじめ、興味深い彫り物が見られる。市指定有形文化財の薬師堂には、地盤を固め飛躍をもたらす食物とされるダイコンと子孫繁栄のシンボルであるネズミを組み合わせた、ダイコンを食うネズミの彫刻がある。「ダイコンクウネズミ」が転じて「大黒《ダイコク》ネズミ」と呼ばれ、縁起のいい取り合わせという。ね年には参拝客の人気を呼びそうだ。

●宇都宮市下小倉町1529
☎028-674-3884
御朱印＊300円
訪問前に要連絡。

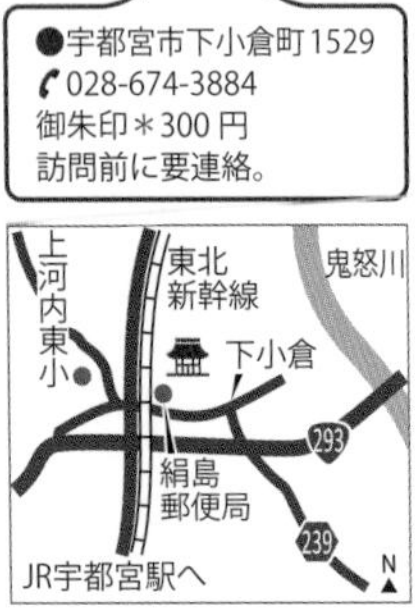

凶事告げる「汗」の加護

一向寺《いっこうじ》

宇都宮

宇都宮氏にゆかりある一向寺。開山は鎌倉時代中期、時宗一向派を開いた僧侶一向俊聖《しゅんじょう》とされる。宇都宮7代城主景綱《かげつな》の発願で、先祖の位牌所として城内に建てられた。

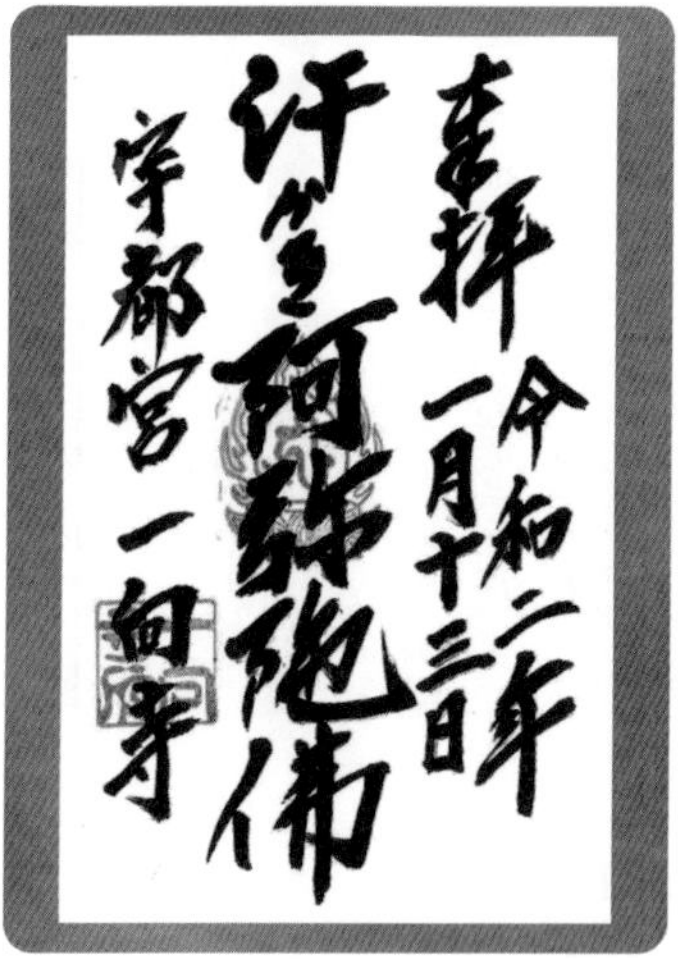

御朱印には阿弥陀如来を表す梵字を背に、「汗かき阿弥陀」の名が力強く書かれる。収蔵庫に置かれる国重要文化財の「銅造阿弥陀如来坐像」の愛称だ。凶事が起こる前触れとして、全身に水滴を帯びると言い伝えられている。

本尊の加護もあり、一向寺はこれまで火災に遭っていないという。御朱印を授かれば、災いを知らせるお守りにもなりそうだ。

城主の戦死や宇都宮城焼失、戊辰戦争や日清・日露戦争の際など汗かきの記録は古くから残る。清水信亮《しみずしんりょう》住職によると、関東大震災や太平洋戦争の前兆にもなり「先代の住職や近くの住民から、拭ききれないほどの汗が流れたと聞きました」と話す。

高さ1メートルほどの阿弥陀如来坐像には、武士や町人、農民の戒名が身分に関わらず刻まれ、極楽浄土を願った人々の思いが込められている。清水住職は「今も仏様に手を合わせていく方は多い。平和な日々がこれからも続くといい」と願っている。

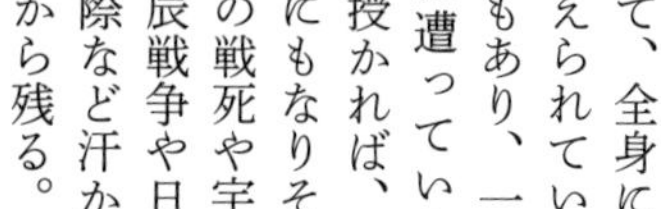

本堂

●宇都宮市西原2-1-10
☎028-633-0528
御朱印＊ご芳志で200～300円

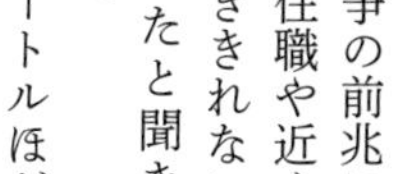

薬師如来挟み山号寺号

医王寺《いおうじ》

宇都宮

鬼怒川を利用した舟運が盛んだった江戸時代から明治時代にかけ、宇都宮市石井地区の河岸は大勢の人々でにぎわった。

人々の往来を見守ってきたのが鬼怒川近くにある真言宗医王寺だ。病苦を癒やし内面の苦悩を除くといわれる薬師如来を本尊とし「眼病に御利益あり」と評判だった。

御朱印は、中央にれんげ座と火炎、薬師如来を表す梵字「ベイ」を組み合わせた印が押され「薬師如来」の文字も書かれている。「薬師如来」を挟み、右には山号「瑠璃山」、左は寺号「医王寺」を配している。

本堂に安置する木造薬師如来坐像は、南北朝時代から室町時代にかけて制作されたと考えられ、1967(昭和42)年に宇都宮市指定有形文化財(彫刻)になった。人々を救った仏像をぜひ見たいが「非公開です」と林弘恵《はやしひろしげ》長老。「文化財調査の時に、私も初めて仏像を見ました。その後は見ることもなく、公開する予定もない」と話す。

なぜ、非公開なのか――。理由を記した文書は残っていないが、林長老は「仏像は見るものではなく、拝むもの、ということでしょうか」と推測している。仏像の写真は市文化財ホームページで見ることができる。

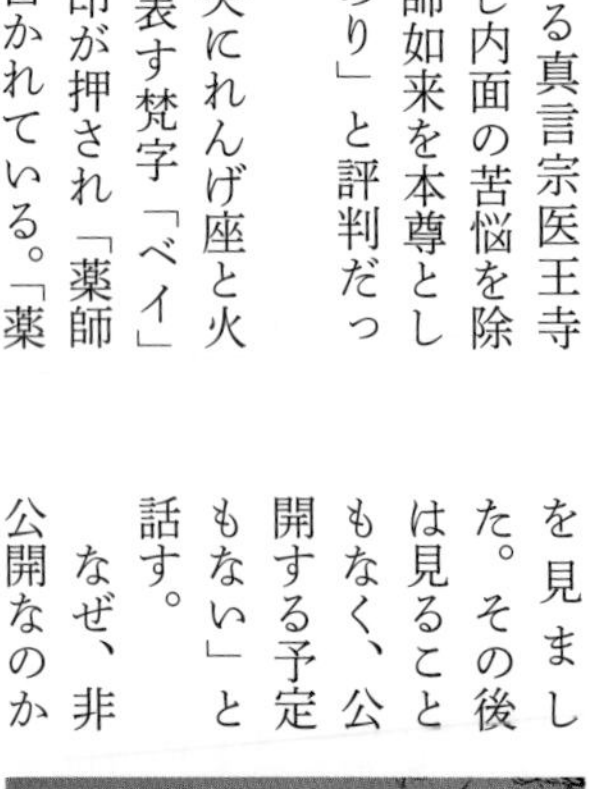
本堂

宇都宮市石井町122
028-656-1332
御朱印＊300円

目を引く社紋のサクラ

護《ご》国《こく》神《じん》社《じゃ》

宇都宮

春になると、ソメイヨシノやシダレザクラ、オモイガワザクラと境内の多種多様なサクラが参拝者を出迎える。

護国神社を象徴するサクラは社紋でもあり、御朱印にも記されている。「戦争に行く人たちが靖国神社のサクラの木の下で再会を誓ったと伝えられるように、サクラは人を敬う気持ちを表しているようです」と3代目の稲寿《いなひさし》宮司は柔らかな表情を見せた。

神社の前身は「宇都宮招魂社」で、宇都宮藩最後の藩主戸《と》田《だ》忠友《ただとも》らが1872（明治5）年に創建した。1939（昭和14）年の内務省令により改称し、戦没者を慰霊するとともに平和を祈る場となっている。

社名を表すはんこは1937（昭和12）年に寄進されたもので、彫られた文字が細いのが特徴だ。御朱印ブームを機に2017（平成29）年、新たなはんこを作った。通常は新調したはんこで押印している。

日付に加え、右下には令和の天皇即位を記念して2019（令和元）年5月1日から「皇紀」も記すようになった。

参拝者は英霊に感謝する人だけでなく全国の護国神社を巡って御朱印を集める人、樹木が生いしげる「護国の森」に癒やしを求める人などさまざま。稲宮司は「心の中は見えませんが、それぞれが抱く迷いや不安を鎮めてもらいたい」と語った。

左右に回廊が広がる様式の拝殿

●宇都宮市陽西町1-37
☎028-622-3180
御朱印＊500円

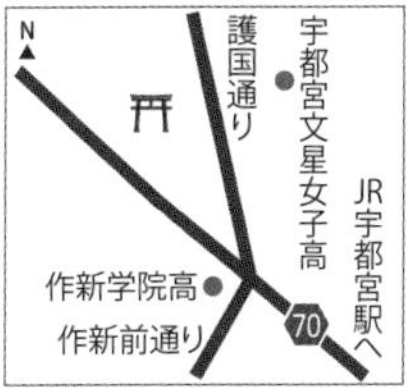

裏面に御詠歌　太平願う

宝蔵寺《ほうぞうじ》

宇都宮

県都宇都宮市の玄関、JR宇都宮駅西口前、宮の橋に隣接する天台宗の古刹・宝蔵寺。山門と、市指定有形文化財「およりの鐘」の鐘つき堂を兼ねる鐘楼門が特徴となっている。

850（嘉祥3）年、芳賀町で慈覚大師円仁によって開かれた。本尊は阿弥陀如来坐像。1499（明応8）年、宇都宮城の鬼門よけの寺として現在地に移転した。

およりの鐘は、鎌倉末期から南北朝時代に鋳造されたと推定され、宇都宮の時の鐘として、音は1里（約3・9キロ）四方に及んだと伝わる。もともとは二荒町の東勝寺にあったが廃寺になり、現地に移った。身分の高い人が「お寄り」になって突いたことから命名されたという。

「北関東三十六不動尊霊場」になっており、御朱印には、成田不動尊と力強く書かれている。れんげの台の上に不動明王のシンボルである火炎と梵字が朱印で押され、裏面には「のちの世を願う心や照らすらん　光明山に宝納めて」と御詠歌も書かれている。

44代黒崎寂深《くろさきじゃくしん》住職は「書体は決まっていませんが、分かりやすく書くことを心掛けています。御朱印は、写経をし納経した証と言われています。仏様を表すものなので大事に受け取ってほしい」と話す。

●宇都宮市大通り4-2-12
☎028-622-4130
御朱印＊300円

山門と鐘つき堂を兼ねる鐘楼門

目を引く本尊「地蔵菩薩」

明星院《みょうじょういん》

宇都宮

江戸時代に整備された奥州街道の第1宿として設置された宇都宮市白沢町の白沢宿。宿場町の風情が残る町にたたずむ明星院は、弘法大師ゆかりの関東八十八カ所霊場の第25番札所になっている。

寺は1478（文明10）年、法《ほう》印長弘《いんちょうこう》が宇都宮市下田原町に開基したとされる。江戸時代に入ってから白沢宿内に移転、明治時代以降は住職が不在になった。白沢小が開校した1873（明治6）年、仮校舎としてあてがわれ、大正時代まで分教室として使われたという。1914（大正3）年、智積院（京都市）から特命住職として石本隆豪《いしもとりゅうごう》和尚が就任し、寺を引き継いできた。

本堂

御朱印のはんこは、霊場となった2013（平成25）年に新調した。梵字を表している。中央に墨書された「地蔵菩薩」は本尊で、教室として使われた時代には、いたずらした児童が本尊の前に立ち、にらめっこをさせられたと伝えられている。

御朱印と合わせ、本尊が描かれた木札も配布している。

地域の子どもたちに親しまれながら、歴史を刻んできた明星院。44代目石本隆芳《りゅうほう》住職は「昔も今も変わらず、子どもたちが交流を図れる場所にしたい」とほほ笑んだ。

●宇都宮市白沢町1886
✆028-673-3273
御朱印＊300円

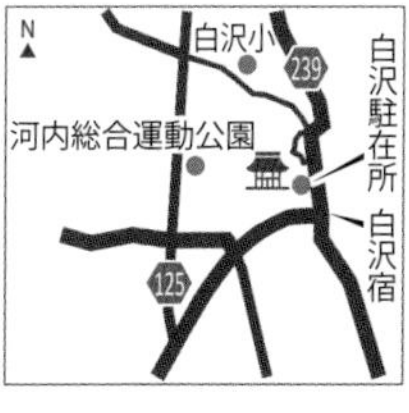

御詠歌、お守りとともに

生福寺《しょうふくじ》

宇都宮

宇都宮市の中心部、大通りから北に入った宮島町通り沿いに位置する生福寺。周辺は寺院が点在し、にぎやかな県都とは思えない落ち着いた趣を見せる。

1438（永享10）年、下野の名門宇都宮氏第14代当主宇都宮等《とも》綱《つな》が開祖した真言宗智山派の寺院。本尊は大日如来。

関東八十八カ所霊場第24番札所に指定されており、俳人与謝蕪村が俳号を蕪村と名乗った誕生の地としても知られる。句碑には「古庭に鶯啼きぬ日もすがら」とあり、松尾芭蕉の「古池や」の句に対抗して、蕪村独立を宣言する意味もあると言われる。

本堂

御朱印は、中心に「奉納　大日如来」と堂々と書かれている。背景は、大日如来の梵字、ハスの台座の上に象徴である火炎が朱色で描かれている。裏面には「のちの世を　願えば参れ　生福寺　大師のひかり　今も尊き」と御詠歌も。同時にお守りも頂ける。

塚《つか》田《だ》宗雄《そうゆう》住職は新型コロナウイルス感染症まん延を心配し「1200年前も天然痘やコレラがはやり、聖武《しょうむ》天皇が東大寺を建立した。こういう時期にこそ寺で手を合わせ健康を願ってほしい」と話した。

●宇都宮市仲町2-17
☎028-622-5879
御朱印＊300円

ともに極楽往生を願う

延壽寺《えんじゅじ》

宇都宮

宇都宮市北部の羽黒山の麓。のどかな田園風景が広がる中に延壽寺はある。

1375年に良哲《りょうてつ》上人が開山した浄土宗の寺院。双樹定戒《そうじゅじょうかい》住職は「僧侶の育成寺として地方の中心的な存在だったのではないか」。寺門には大本山増上寺の大僧正、冠誉《かんよ》上人直筆とされる山号額が堂々と掲げられ、参拝者を迎える。

法然上人の没後600年を記念し、約200年前に建て直された本堂には観音菩薩像、勢至菩薩像と、その中央に阿弥陀如来像が鎮座する。

令和の訪れとともに始めた御朱印は、中央に「仏、法、僧」の三宝印が押され、端正な筆致で「南無阿弥陀仏」。「倶会一処」の文字には「参拝だけではなく、ともに念仏を唱え極楽世界に往生しましょう」と思いを込めた。つながりを重視し、御朱印の記帳は12月31日の大みそかの日、延壽寺で除夜の鐘を突いた人に限定している。

その鐘突き堂付近に沙羅双樹の古木があり、幹が枯れて根元から新たな木の芽が伸びていた。「生と死。生まれ変わって仏になることを暗示しているのです」。双樹住職が木を仰ぎ、穏やかな笑みを浮かべた。

大僧正直筆とされる山号額を掲げた寺門

●宇都宮市上小倉町543
✆028-674-2263
御朱印＊無料

書に励む住職が思い込め

妙金寺《みょうきんじ》

宇都宮

宇都宮市出身の書家星弘道《ほしこうどう》さんに20年ほど前から師事する妙金寺の野澤智秀《のざわちしゅう》住職が御朱印の中央に書く「南無妙法蓮華経」の文字は、端正で力強い。「参拝者と接して感じた思いを込めて書くと、伝わる気持ちがある」とほほ笑んだ。

両端には、お経を添え書きする。中央にしるした円形とひし形の朱印は1265（文永2）年、宇都宮氏に仕えていた君島綱胤《きみじまつなたね》の母妙《みょう》金尼《きんあま》が開基した寺に現存する寺宝の本尊「鴛鴦大曼荼羅《おしどりのだいまんだら》」を表している。

曼荼羅は本来、2幅奉安されていたが、1幅は1536（天文5）年に京都で日蓮宗の寺が焼き打ちされた「天文法華の乱」の際、当時の住職が本山の再建した本圀寺《ほんこくじ》（京都市山科区）に寄進したという。その際、本圀寺の住職から贈られた感謝状も寺宝として残っている。

右上の朱印は、日蓮宗の寺は大黒天を祀ることから小槌《こづち》の形をしている。文字には「海のごとく幸せになりますように」という意味が込められているという。

野澤住職は学生時代、テニスのレッスンプロだったが、20歳の時のけがを機に僧侶の道を選んだ。書道は得意ではなかったが「お坊さん像に近づく努力はしたい」と、今日も書の練習に励んでいる。

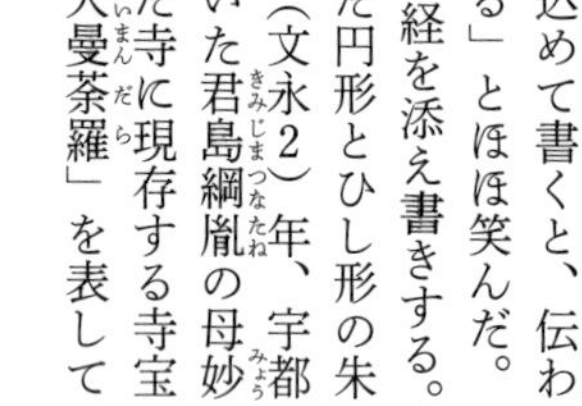

境内

●宇都宮市仲町3-21
☎028-622-2835
御朱印＊お気持ち程度

すらりと伸びる光明点

妙正寺《みょうしょうじ》

宇都宮

妙正寺は鎌倉時代中期の1265（文永2）年、宇都宮城主7代景綱《かげつな》の姉妙正《みょうしょう》が開基した。「妙正」は日蓮宗の宗祖日蓮聖人から受けた法名とされる。

日蓮宗では、御朱印ではなく「御首題」を授与する。中央に印を押し、題目の「南無妙法蓮華経」を書く。釈迦の教えを説いた法華経の功徳が込められ、信者が唱える7文字だ。

ひげのように走らせる筆跡も御首題の特徴。すらりと伸びた部分を「光明点」と呼ぶ。釈迦の「法」の光に照らされ、万物が正しい方向に動いていくことを表している。

御首題帳を持参する参拝者も多いという。他宗派や神社が混在した御朱印帳には、題目から取り「妙法」と書くこともある。斎藤日《さいとうにち》定《じょう》住職は「参拝、信仰の証に変わりはない」と話す。

寺は宇都宮城外屋敷に持仏堂として開創。室町時代後期に現在地に移転した。太平洋戦争末期の宇都宮空襲では、伽藍が焼失。今の本堂は戦後に再建した。

2019（令和元）年の台風19号では、田川の越水で床上浸水した。「寺は逃げられない。たくさんのお墓もありますから」と斎藤住職。

地域のよりどころであり続ける。

●宇都宮市大通り5-3-8
✆028-622-3140
御首題＊300円程度

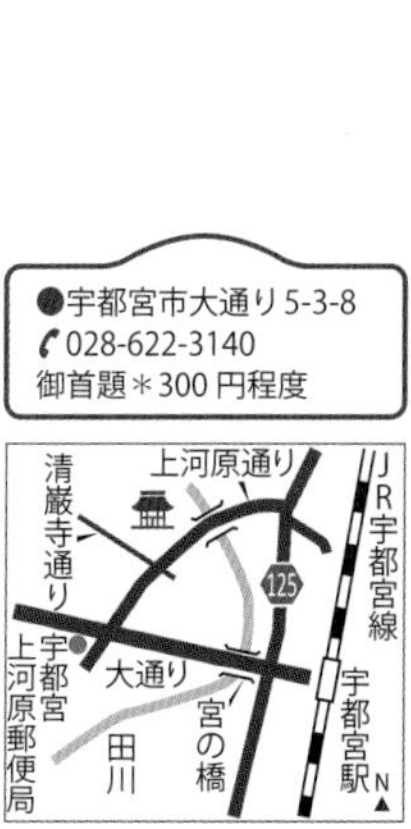

本堂

聖なる光背景に聖観音

光明寺《こうみょうじ》

宇都宮

宇都宮市中心部の県庁前、県総合文化センター裏手にひっそりたたずむ曹洞宗の寺院、光明寺。下野三十三観音札所巡りの第19番札所でもある。

本尊は聖観世音菩薩。金色に朝日に輝く姿から別名「朝日観音」と呼ばれ、いくつかの寺を転々とした数奇な運命を持つ。宇都宮氏5代城主頼綱《よりつな》が作らせたと伝えられており、1215（健保3）年、蓬莱町（現西3丁目付近）に建てられた堂に安置された。

その後、東勝寺、西照院など祀られる場所が変わり、明治期に現在の光明寺に移されたという。現在は4、5代目といわれ、初代が描かれている江戸時代の絵が寺に残されている。

御朱印には、「下野十九番札所」の印と共に、神を護る山を意味する山号「神《じん》護山《ごさん》」の墨書。真ん中には大きく「朝日聖観音」。背景は聖なる光を表す朱色の火炎と梵字がある。

谷島良一《やじまりょういち》住職は「コロナ禍で寺を訪れる人も少なくなりました。札所巡りは順番通りが正式ですが、自由に来てもらい各寺の歴史を知ってほしい」と話す。

本堂（右）と聖観世音菩薩が安置される観音堂

●宇都宮市本町9-18
☎028-622-4003
御朱印＊300円

阿弥陀如来示す梵字の印

東海寺《とうかいじ》

宇都宮

宇都宮市北部の静かな山あいに東海寺はたたずむ。

寺の歴史は鎌倉時代の1230(寛喜2)年にさかのぼる。小山城主だった朝比奈兼秀《あさひなかねひで》の孫、和田《わだ》新兵衛朝盛《しんべえあさもり》が出家して円覚となり、建立したのが起源とされる。

室町時代に常陸国の佐竹《さたけ》氏が寺の近くにあった金山の開発を金山奉行に命じた。その際、「無限の財宝が授かるように」と願いを込め、境内に堂宇を建てて虚空蔵《こくうぞう》菩薩像を奉安。佐竹氏の本拠地、常陸国の「東海」地域にちなみ、寺号を東海寺に改めたといわれる。

この像は市指定有形文化財となっていて、開帳は60年に1度。渡辺克尚《わたなべこくしょう》住職も「まだ目にしたことはない」という秘仏だ。

関東八十八カ所霊場第22番札所として多くの人から信仰を集める。御朱印は、阿弥陀如来を示す梵字「キリク」の印と、端正な筆致で「阿弥陀如来」と書かれている。

仏教の教えを体感してほしいと、東海寺が力を入れているのが修行体験。中でも自然と一体化する滝行は、女性を中心に人気という。

渡辺住職は「水と一緒に無になる。精神統一。体験を通し、言葉で伝えきれないものを伝えたい」と話す。

本堂

●宇都宮市篠井町827
☎028-669-2026
御朱印＊300円

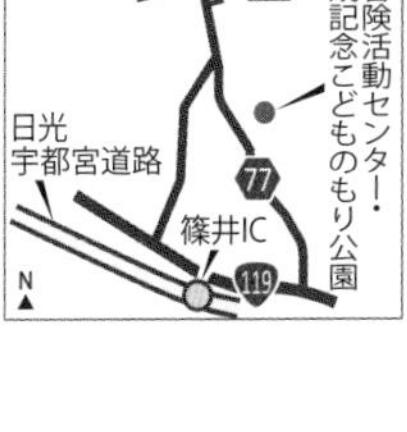

大勢の人救う千手観音

大谷寺《おおやじ》

宇都宮

宇都宮が誇る大谷石の産地、大谷地区。その自然の岩壁に直接彫られた「大谷観音」を本尊とする大谷寺は、坂東三十三観音霊場の第19番札所となっている。

寺の御朱印中央には、本尊の千手観音を指す「千手大悲殿」の文字が並び、梵字「キリク」の朱印が記される。「悲」は悲しみや苦しみといった人の心の叫びを表し、観音の手には、その叫びの声を聞き、差し伸べるという誓いが込められているという。

「人それぞれのつらさがあり、大勢の人を救うためにたくさんの手があるのです」。高橋敬忠《たかはしけいちゅう》住職が穏やかな口調で説明してくれた。

本堂

開創は平安時代で弘法大師が観音を手掛けたとされていたが、奈良時代に渡来し、鑑真《がんじん》の弟子だった僧侶が彫刻したという最近の研究もあるそうだ。

国の特別史跡、重要文化財、名勝の三重指定を受ける大谷寺にある日本最古の石仏を一目見ようと、世界中の人々が寺を訪れる。その一方、「地元の人にはそこまで知られていない」と高橋住職。

新型コロナウイルスの感染拡大以降、県内からの来訪者が目立つようになった。「宇都宮に誇れる歴史や文化があると伝えたい」

●宇都宮市大谷町1198
☎028-652-0128
御朱印＊500円

護摩の炎と本尊に新調

仏生寺《ぶっしょうじ》

真岡

　春になると参道を彩るシダレザクラが、今はひっそりとその時を待つ。澄み切った冬空の下でゆっくりと歩みを進めると、山門の両脇にそびえる樹齢約800年、樹高約30メートルの大ケヤキが目に飛び込む。日光開山の祖勝道上人の生誕地と伝わる真言宗豊山《ぶざん》派の古刹仏生寺は、浅間山《せんげんやま》の麓に広がる山林の中で厳粛なたたずまいを見せる。

　上人は奈良時代の735（天平7）年、母方の実家がある真岡市南高岡（後の仏生寺境内）で生まれたとされる。下野薬師寺で僧侶となり、修行を積んだ後の782年に48歳で男体山の登頂に成功。平安時代に入り生まれ故郷に戻った上人は806年、自らの出生地に仏生寺を開山したという。

　御朱印には「日光開山勝道上人誕生地」の印のほか、本尊の薬師如来を表す梵字「バイ」に続いて漢字の4文字を表記。中央にはこれまでの三宝印から、護摩の火炎に囲まれた薬師如来の印に2020（令和2）年3月から新調した。

　薬師堂には県指定文化財で市内最古の仏像とされる木造薬師如来座像が安置され、毎年1月1日と4月の第2日曜のみ開帳される。中川《なかがわ》智学《ちがく》住職は「3月下旬のエドヒガン、4月初旬のシダレザクラの見頃の時季にもぜひ参拝にお越しください」と話している。

歴史の重みを感じさせる薬師堂

真岡市南高岡259
0285-84-1303
御朱印＊300円
事前に電話で要予約。

財宝増え病気平癒願う

白蛇辨財天《はくじゃべんざいてん》

真岡

祭神は日本神話に登場する女神で水の神とされる「市杵嶋姫命《いちきしまひめのみこと》」。社伝によると、1522（大永2）年に広島・安芸の宮島の厳島神社から分霊し祀られたという。

お宮は「古池ヶ渕《こいけがふち》」と呼ばれた池の近くに建てられ、明治中期まで池の周囲はうっそうとした樹木が繁茂し、その森に2匹の白蛇が住んでいた。吉凶異変があると姿を現し、信仰する者は白蛇の予知と水の守護神である辨財天の霊護により災いを逃れ、病を癒やし、富を築いたといわれる。

御朱印は、赤色の社紋の上に白蛇辨財天の社名が墨書され、白蛇が押印されている。金の文字でつづられた「金運銭洗之瀧」は、本殿の地下から湧く滝の神水を意味する。金銭を洗い清め願うと財宝が増え、さらに病気平癒をかなえる霊水としても信仰されているという。

境内には1593（文禄2）年に京都・北野天満宮から分霊したと伝わる学問の神様菅原道真も祀られており、27代目の神職小貫素弘《おぬきもとひろ》さんは「道真公の御祭神を参拝することで一度に二重の御利益があります」と話している。

鳥居をくぐった参拝客を迎える2匹の白蛇の石碑

●真岡市久下田西2-63
☎0285-74-0215
御朱印＊500円
願いがかなうという60日ごとの「己巳(つちのとみ)」は墨書の社名が金色。

伊達家由来の流鏑馬印

中村八幡宮《なかむらはちまんぐう》

真岡

本殿や参道を取り囲むようにスギやヒノキ約2400本がうっそうと生い茂り、森厳な雰囲気を醸し出す。拝殿前の右手には御神木の大ケヤキが高貴さをたたえながらそびえ立ち、歴史の重みを感じさせる。

主祭神は武運の神「誉田別尊《ほむだわけのみこと》」。676（天武天皇5）年、天武天皇の勅命により民衆の安寧祈願のため諸国に造られた神社の一つと伝わる。

1189（文治5）年、源頼朝が平泉の藤原泰衡《やすひら》を追討するため奥州へ向かう際、中村八幡宮で戦勝を祈願。当地の領主中村時長《ときなが》も祈願し活躍した。この勲功により時長へ伊達の地が与えられ、その子宗村《むねむら》が奥州伊達家の祖になったといわれる。

仙台5代藩主吉村《よしむら》は1736（元文元）年、参勤交代から仙台へ帰る途中に当宮で参拝し神馬を奉納。これを記念し9月の例大祭で流鏑馬が始まり、今日まで引き継がれている。

御朱印は中央に「中村八幡宮」の文字が力強く墨書され、伊達家に由来する流鏑馬の神馬と射手をあしらった朱印が押されている。

中里元彦《なかざともとひこ》宮司は「コロナ禍が落ち着いたら、例大祭とともにまた流鏑馬をご覧いただきたい」と話している。

拝殿と樹高約30メートルに及ぶ御神木の大ケヤキ

●真岡市中556
☎0285-82-3085
御朱印＊300円
令和版御朱印＊700円

「か」の梵字と護摩の炎

城興寺《じょうこうじ》

芳賀

天台宗の霊場名刹延生《のぶ》山城興寺。安産、子育ての霊験「延生地蔵尊」として知られ関東一円、東北地方からの参拝者も多い。

1584（大正12）年に火災で記録が消失し、開基、造立は不詳だが、鎌倉時代にはすでにあったことをうかがわせる縁起がある。縁日は毎月24日で、木像地蔵菩薩尊像は毎年8月24日の「日の出ご開帳」のときに拝むことができる。

本堂には、赤子の首を手で絞めて殺そうとする母親と赤子の魂が描かれた「間引きの絵馬」が納められている。戒めの意味を込め、1857（安政4）年に常陸国水海道（現茨城県常総市）の女人講中によって奉納された。

御朱印は、中央に墨書でシンプルに「延生地蔵」の文字。力強くも柔らかい行書体で、温かみがある。福《ふく》武《たけ》智《ち》行《ぎょう》住職が自ら筆を執っている。朱印は地蔵菩薩を表す「か」の梵字と、護摩祈祷の炎を表しているという。希望者には「ふる里関東路百八地蔵尊霊場めぐり」の札所の印を押す。

安産祈願に合わせてや、城興寺の祈願を受け、生まれた子どもと一緒に御朱印を求める人も多いという。福武住職は「御朱印をお寺を知るきっかけとし、境内で穏やかな時間を過ごしてほしい」と話した。

本堂

芳賀町下延生1641
028-678-0422
御朱印＊300円

神使「飛竜」に存在感

祖母井神社《うばがいじんじゃ》

芳賀

芳賀町中心部に鎮座する祖母井神社は、祖母井地内にあった二つのお宮を遷移、合祀し、1770（明和7）年に現在地に本殿を構えた。2020（令和2）年で再建から250年目の節目を迎えた。

祭神は五穀豊穣の彦火火出見《ひこほほでみの》命《みこと》、厄よけの須佐之男命《すさのおのみこと》、安産と子育ての木花開耶姫命《このはなさくやひめのみこと》の三柱で、「三光《さんこう》神社」「三光さん」と親しまれた。

本殿は町内の建造物で唯一の県指定文化財。両側面には祖母井神社の神使「飛竜《ひりゅう》」の彫刻が、東側は口を開け、西側は閉じた状態で施されている。

社殿

その飛竜の姿は御朱印にも。本殿東側に彫られた迫力のある姿を模したスタンプで、2016（平成28）年ごろから上部に押している。最近になって「天翔・飛竜」の文字も書き添えるようになったという。

右上には祭神の総称「三光」にちなみ、星と太陽、三日月を表した祖母井神社のシンボルマークがあしらわれている。中央の朱印には「星宮三光大明神祖母井神社之印」と記されている。

柳田晋作《やなぎたしんさく》宮司は「参拝時には本殿の彫刻も細かく見ていただけると、より神様のお力添えを頂けると思います」と話している。

●芳賀町祖母井749
☎028-677-0277
御朱印＊500円
基本的には火、木、土、日曜の午前10時～午後3時に対応。

神の使いが導く「勝利」

鹿島神社《かしまじんじゃ》

益子

令和元年を記念し漆の塗り替えを終えた（2019年11月）社殿

の朱色が、陽光を浴びて鮮やかに映える。創建は845（承和12）年。大正時代に大火に遭い現在の社殿が1927（昭和2）年に再建された後、大改修工事が行われ1982（昭和57）年に完成した。

主祭神は、鹿島神宮（茨城県）と同じ「武甕槌命《たけみかづちのみこと》」。天照大御神《あまてらすおおみかみ》の命を受けて出雲の国に降り、「大《おお》国主命《くにぬしのみこと》」と話し合って日本の国を一つにまとめた「パワフルな神様」とされる。

戦国時代の武将たちが鹿島神社で必勝祈願したと伝えられ、

漆の朱塗りを終えたばかりの社殿

今も「勝利の神様」としてプロのスポーツ関係者らが数多く訪れる。

期間限定ではない通常の御朱印のうち、見開き判には茶色で描かれた鹿2頭と、朱色の紅葉や黄色の銀杏の葉が舞うデザインが施されている。そして「勝」の一文字。「神の使い」の鹿たちが、それぞれの願いである「勝利」へと導く。

御朱印を求める参拝客は後を絶たない。小幡正之《おばたまさゆき》宮司は「神社に興味を持ち参拝に来ていただいている。大変うれしく、丁寧に対応したい」と話している。

●益子町益子1685-1
✆0285-72-6221
御朱印＊片面 500 円
見開き判 1000 円
期間限定含め 6、7 種類ある。

象徴の亀　舞う桜楽しむ

亀岡八幡宮《かめおかはちまんぐう》

益子

益子町の中心部から北東約5キロにある亀岡八幡宮。神社が所有する約20ヘクタールの丘陵台地には、円墳と前方後円墳計18基からなる県文化財の古墳群がある。横《よこ》山仁美《やまひとみ》宮司や氏子でつくる「亀岡八幡宮里山の会」メンバーらが、15種類以上の桜を植えた。毎年3月下旬から4月中旬ごろにかけ菜の花と競演して、絶景を織り成す。

平安時代、武将源義家が奥州へ向かう途中で戦勝を祈願し、凱旋後に芦沼に神殿を造営したことに始まるとされる。

現在地に社殿を構えたのは1197（建久8）年。義家が祈願した際、大亀が現れたことにちなんで亀が祀られ、参道中腹にある石亀をなでると願いがかなうと伝わる。敷地内には50〜60体の亀の像が並んでいる。

御朱印は中央に社名の朱印。鮮やかな花びらの印は、敷地の桜が咲く時季限定で、春は左上、二季咲きの種が開花する10月ごろは右下にそれぞれ押している。通常左上にある神社を象徴する亀の印は、春は右下に配され、亀が花見を楽しんでいるかのようだ。

参拝客からも「きれい」などと好評。宮司の妻司依《よしい》禰宜は「参拝していただいた方がよかったと思えるよう心を込めてお書きしています」と和やかに話した。

神社の象徴である亀の像が並ぶ境内

●益子町小宅1369-1
✆0285-72-2593
御朱印＊お気持ち

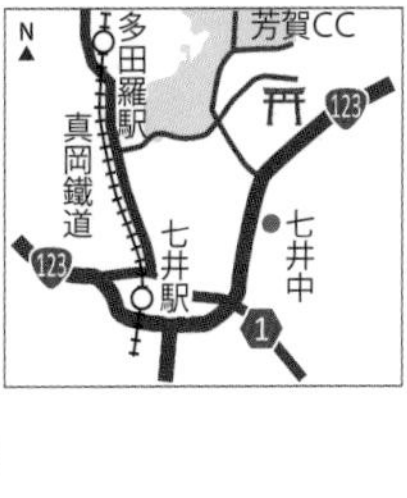

梵字と光背で表す本尊

益子観音寺《ましこかんのんじ》

益子

益子焼の販売店などが立ち並び、観光客も多数訪れる益子町中心部の城内坂通り。その沿線に益子観音寺はある。通りに面する山門をくぐり約40段の石段を上ると、ケヤキなどの木に囲まれた丘に本堂が現れる。

益子観音寺は真言宗豊山派の古刹。開山は奈良時代の737（天平9）年、行基《ぎょうき》が芳賀山観音寺として創建したと伝わる。その後、弘法大師が入山した際に、山号を芳賀山から如意山に改めたとされる。本尊は県指定文化財の「如意輪観音菩薩」。

御朱印は、中央に「如意輪観音」としたためられ、「キリク」と読む梵字と光背で本尊を表す朱印がしるされる。関東八十八カ所霊場第30番札所に指定されており、右には「関東第三十番」の印も押される。馬場《ばば》章信《しょうしん》住職は「お参りした方の御利益や幸せにつながるようにと願って書いている」と話す。

山内には益子らしさを感じるポイントも。敷地の最も高い場所には陶製の大仏が鎮座し、本堂には陶製の大太鼓もある。馬場住職は「通りから入った山内は静かで安らぎを感じられる。観光で来た人も一息つけて、ほっとできる場所になってくれたらいい」とほほ笑んだ。

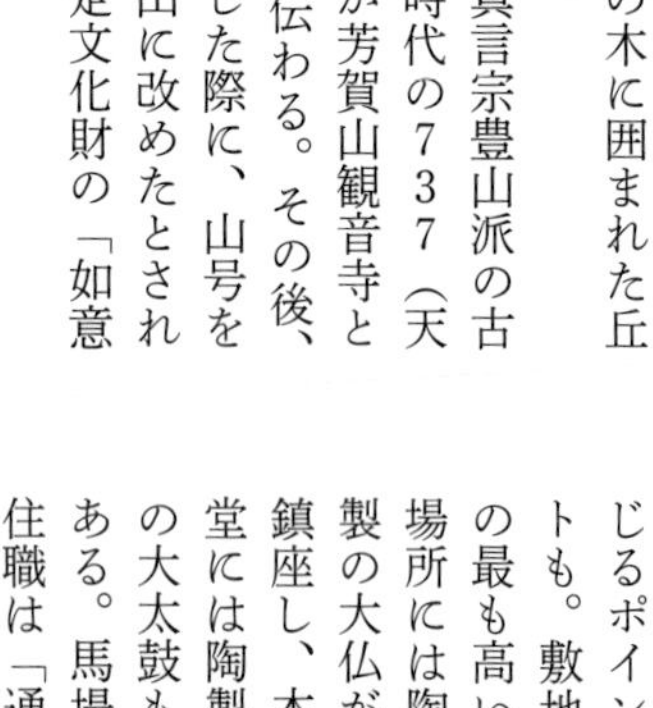
本堂

●益子町益子2935
☎0285-72-2258
御朱印＊300円
山内には子安地蔵も祀られており、こちらの御朱印を受けることもできる。

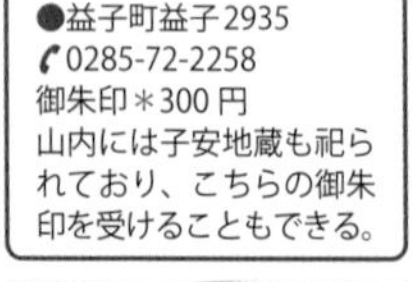

梵字、曜日限定も備える

金剛山瑞峯寺《こんごうさんずいほうじ》

鹿沼

古峰ケ原街道を進むと大火炎を背負った巨大な金剛不動尊像が突然現れる。地上から13メートルあり、北関東有数の大きさという。

真言宗醍醐派。金剛山瑞峯寺は日光を開山した勝道上人が修行した奥の院「三昧石《さんまいせき》」をご神体とし、金剛童子・不動明王を祀っている。金剛不動尊像は、北関東三十六不動尊霊場第17番札所に選定されたことから1989（平成元）年10月に建立された。

御朱印は不動明王と金剛不動尊を記した基本形と梵字（月から金曜限定）、さらに金剛童子（土、日曜限定）の3種類。井上瑞源《いのうえずいげん》住職、瑞空《ずいくう》副住職をはじめ4人で担当するため、書き手によって草書、楷書など字体が変わる。御朱印は書き置きもあるが、基本は札売り場で目の前で直接書くようにしている。井上住職は「書いているときは無心。最近では2種類を選ぶ方も多い」と話す。

年間を通してさまざまな行事がある。厄よけ、家内安全などを願う「火渡り修行」は5月の最終日曜に開催。修験者による斧と弓、剣の作法、煮えたぎった湯をかぶる「湯加持」があり、県内外から集まった多くの崇敬者らが読経が響く中、素足で火渡りに挑む。

千古の霊場、日光修験の伝統を今に伝える祈願寺となっている。

巨大な不動明王が出迎える

●鹿沼市草久2239
☎0289-74-2401
御朱印＊各300円
珍しい「新築普請負け除け」は新築から3年間毎年参拝、護摩祈祷（きとう）する。

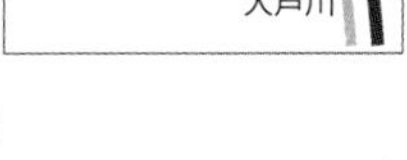

石裂山登山の証しも

加蘇山神社《かそやまじんじゃ》

鹿沼

石裂山《おざくさん》に鎮座し、767（神護景雲元）年に勝道上人が開山したと言われる由緒ある古社。加蘇山神社と書かれた石碑と鳥居をくぐると社務所を兼ねた石裂山荘があり、境内右側に遥拝所と立派な神楽殿がある。

神楽殿の奥にある門を抜け、沢沿いの道を歩くと大きな杉木（市天然記念物）が迎える本殿（下の宮）、さらに険しい登山道を経て奥の院へと続く。境内坪数は64万4754坪とされ、五穀豊穣などのほか、武勇の神が祀ってある。

御朱印は荒井和宏《あらいかずひろ》宮司によると50年以上使っている印。「登拝之証」の印も押してある。湿気が多く和紙ではかびるため、厚紙を使用している。普段、宮司は不在のため、遥拝所に「書き置き」があり、初穂料はさい銭箱に。「たくさん用意しても日によってなくなることがあるので……。シーズンになると多くの登山者が下山後、記念に御朱印を求めます」と荒井宮司は話す。

遥拝所や本殿ではNHK大河ドラマの「義経」や「JIN—仁—」「犬神家の一族」、CMなども撮影されている。奇岩、景勝で四季を通じて自然の神秘を感じることができる境内。タイムスリップした感覚が味わえる。

加蘇山神社と書かれた石碑と鳥居

●鹿沼市上久我3440
荒井宮司の本務神社・
宇都宮二荒山神社
☎028-622-5271
御朱印＊200円から

登山者、ハイカーに人気

御《おん》嶽《たけ》山《さん》神《じん》社《じゃ》

鹿沼

鹿沼市の最南端、栃木市境の山麓にある御嶽山神社。境内は手入れが行き届き、植栽の緑と敷き詰められた白い砂利とのコントラストが美しい。

祭神は大地の神とされる国之常《くにのとこ》立神《たちのかみ》。812(弘仁3)年に空海が開山したと伝えられる。三峯山大神と御嶽山大神が祀られている。

かつては神仏混合の山岳信仰の霊場。長野県・木曽御嶽山の信仰をひき、関東一円に多くの信者がいる。宮司で神道御嶽永野中教会の永澤忠彦《ながさわただひこ》教会長は「その昔、本山(長野)が移った、と言われたくらい行者でにぎわったようです」と話す。

御朱印は参拝者からの要望が多く、2017(平成29)年から教会長と副教会長の正義《まさよし》さん親子がその都度、感謝の気持ちを込めて書いている。印は「御嶽神社」で「野州永野」の文字も入れている。神社は奥の院などを巡る登山コースの出発点ともなっており、登山者、ハイカーが記念に御朱印を求める。

例年、5月の第2日曜は先達、講者らを祀る「霊神祭」があり、冬至には厄よけ祈願の「御嶽山冬至星除け祭り」が本殿で行われる。講の代表、地区住民らが身体健全、商売繁盛などを祈願、護摩をたく。

本殿

鹿沼市下永野82
0289-84-0320
御朱印＊300円から

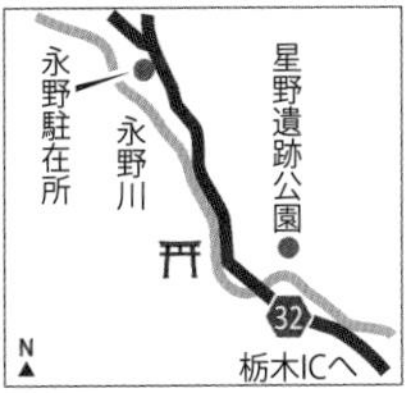

神域のヒノキ材を使用

賀蘇山神社《がそやまじんじゃ》

鹿沼

「賀蘇山神社　尾鑿山《おざくさん》」とある大きな社号標の前で参道の階段を見上げると古社の趣そのもの。境内の間口15間（27・3メートル）の祈祷殿、総ケヤキ造りの山頂奥社への遥拝殿、そして大杉「神代杉」に圧倒される。

　創建は不明ながら『日本三代実録』（六国史）に878（元慶2）年、神階が「従五位下」と記載された「国史現在社」。古くから「尾鑿山」の山名で尊称されている。日本神話の天之御中主神《あめのみなかぬしのかみ》をはじめ三つの神が祭神。かつては講があり、関東一円からの参詣者があった。

　御朱印は古くから授けており、245年前の御朱印帳が長野県で見つかっているという。現在は横瀬勝壽《よこせかつじゅ》宮司が日々、丁寧に書き入れている3種類がある。神域のヒノキ材を使った御朱印は貴重で木の香りが癒やしてくれる。「國史現在社」「下野國尾鑿山」の文字もしっかり書かれてある。ほかに干支入りの見開きサイズと基本形がある。

　横瀬勝宣《かつのぶ》禰宜は「世の中の変化が早く、人々は緊張、不安も多いと思う。時代を経ても変わらない神社で安心感、安らぎを求める人もいる」と話す。新型コロナウイルスもあり、御朱印は祈祷殿に書き置きで扱っている。

　事業繁栄、商売繁盛などをもたらす「黒だるま」発祥の神社としても有名だ。

御朱印を授かる築約200年、間口15間の祈祷殿

●鹿沼市入粟野尾鑿713
✆0289-86-7717
御朱印＊300円
干支入り見開き500円
ヒノキ板800円

薬師如来を意味する梵字

薬王寺《やくおうじ》

鹿沼

山門をくぐると正面に本堂、左側に商売繁盛の七福神や薬師如来などが出迎える。市街地にありながら、境内は静寂に包まれている。

鎌倉時代の弘長年間（1261～64年）、伝教大師《でんぎょう》（最澄）作の「薬師如来」を本尊として創建された。1616（元和2）年に徳川家康が亡くなり、後に日光に改葬される時には、幕府の一行が薬王寺に4日間滞在した。3代将軍家光の埋葬の際にも宿泊したと伝わる。

薬師には「医王」の別名もある。古くから病気の治療をつかさどり、病を治し、安楽を与える仏とされている。くしくも、第30世住職の倉松俊弘《くらまつしゅんこう》さんは医師でもある。30年ほど自治医大病院などで小児科医として勤め、今も年に数回、市の乳幼児健診を担っている。

御朱印には墨書で本尊の「薬師瑠璃光如来」の文字や薬師如来を意味する梵字が書かれる。中央の朱印は、清らかさを示すれんげの花と瑠璃光を表している。

倉松さんは「お参りに来ていただきありがたいという気持ちと心身健康、コロナ禍の中、災いが生じないように」との思いを込め、筆を執っているという。

本堂

鹿沼市石橋町1534
0289-65-5315
御朱印＊300円

裏面に寺を詠んだ御詠歌

慈光寺《じこうじ》

さくら

さくら市喜連川の中心地にある真言宗智山派の寺院慈光寺。雨乞不動尊として知られ、北関東三十六不動尊霊場の第21番札所に指定されている。

創建時期は不明だが、真言宗の僧侶日誉《にちよ》によって開山され、歓喜《かんぎ》院《いん》と称した。1590(天正18)年、領主喜連川国朝《きつれがわくにとも》のとき慈光寺と改称し、喜連川家の祈願所となった。1754（宝暦4）年、宝暦の飢饉の際、寺で2夜1昼を通して雨乞いの法を行ったところ雨が降り出し、領主から褒められたと伝えられる。

御朱印は、「雨乞い」と「不動明王」が草書をアレンジした字体で書かれている。朱印は「北関東三十六不動尊霊場第二十一番」と、炎で縁取られた不動明王の印で、中央に梵字「カーン」が力強く押印されている。裏面には御詠歌「かずかずのねがいをここにきつれがわ　きよきながれにかげうつすなり」と寺の特徴が詠まれている。

北関東三十六不動尊霊場の第21番札所に指定されている

御朱印について黒羽光雄《くろばねこうゆう》住職は「台風で被害を受けた方がたくさんいるのに、雨乞いと書くのは心苦しい。健康で楽しく過ごしていただけるよう心を込めて書いています」と話した。

●さくら市喜連川4374
☎028-686-2322
御朱印＊300円

大日如来の文字　堂々と

普濟寺《ふさいじ》

さくら

手水舎から本堂に向かう石段を上っていくと、梅の花が出迎えてくれた。

さくら市金枝の普濟寺は、1559（永禄2）年に創建。金枝城主が城の東側に薬師堂を創建した1532（天文元）年に端を発する。真言宗智山派の古刹だ。

本堂で高橋秀城《たかはししゅうじょう》住職が般若心経を読むと凛とした空気に包まれる。

正面に鎮座するのは大日如来像。また、巧みな寄せ木による十一面観音が、顔と胸にわずかな金を残しながら古い形を残す。

御朱印の中心は、梵字の印に本尊の存在感を表すような堂々たる大日如来の文字。右側に奉拝と日付。左側に三光山普濟寺の文字に印を押す。

「三光とは、星と太陽、月のこと。普済とは、あまねく、救うという意味です」と説く柔和な高橋住職は、仏教と古典文学（中世）の接点を長年探る研究者でもある。現在は、大正大と大東文化大の地域連携センター講師としての顔も持つ。論文では「日本密教学会賞」などの受賞歴もあるが、「学んだことを一般に分かりやすく文字にできれば」と柔軟に対応する。

里山にある普濟寺の雰囲気は、絵本や童話に登場するお寺の絵を想起させる。

●さくら市金枝898
☎028-685-3426
御朱印＊お気持ち

本堂

祈願の本尊　不動明王

光明寺《こうみょうじ》

さくら

宿場町として栄えたさくら市氏家の中心地にある真言宗智山派の光明寺。境内には、高さ約3メートルの青銅造不動明王座像（県指定有形文化財）が鎮座する。不動信仰が盛んになった江戸時代中期の1759（宝暦9）年、宇都宮の鋳造師戸室卯兵衛《とむろうへえ》が制作した。

御朱印は、「北関東三十六番不動尊霊場第二十二番」の印の上に「奉拝」と墨書。梵字の印で不動明王を表し、「感満不動尊」と書く。不動明王の御姿札と共に配布する。

31代目岩田博文《いわたはくぶん》住職は「本堂の大日如来はいわば供養の本尊、その姿を変えた不動明王は祈願の本尊と考えると分かりやすい」と説明する。葬式や法事は本堂で、縁日や護摩炊きは外の不動明王でと、場所を変えて行っているという。

青銅造不動明王座像

寺の近くに旧奥州街道が通る。今では閑静な住宅街となった一帯も、当時は人々の往来でにぎわった。その名残をとどめる旧家が、街道沿いに点在する。

寺の前身は1056（天喜4）年、多田法眼源賢《ただほうがんげんけん》が、氏家の美女《びじょう》木《ぎ》に開山した時代までさかのぼる。その後、勝山城主の芳賀氏によって、1427（応永34）年に創立したと伝えられている。度重なる戦火に見舞われた後、1597（慶長2）年の勝山廃城に伴い、現在の場所に移った。

●さくら市氏家2696
☎028-682-8743
御朱印＊300円

津嶋神社《つしまじんじゃ》

高根沢

高根沢町東部の田園地帯に鎮座する津嶋神社。創建は1725(享保10)年、愛知県の津島神社に祈誓し、分霊を勧請したことに始まる。主祭神は、素盞嗚命《すさのおのみこと》。荒ぶる神故、丁重にお参りすることが、悪疫退散や無病息災につながる――と伝わっている。その願いを込める祇園祭を毎年7月に行う。新型コロナウイルス禍にある今年(2020年)は、規模を縮小して行った。

法人登記は「津島神社」。「津嶋」の漢字を当てるのは、江戸時代に地元の庄屋が社額を奉納した際、「嶋」を用いたことに由来する。以降、通称として親しまれている。御朱印にも、墨字と朱印で「津嶋」と表記する。

シンプルなデザインながら、しっかりとした丁寧な文字でしたためた御朱印は、岩松一雄《いわまつかずお》宮司の娘史恵《ふみえ》禰宜の手による。町内24の神社のうち、宮司として12社を兼任する。外回りの神事をはじめ、神社庁祭祀舞講師としての役割もあり、多忙な身だ。

常駐は厳しい環境にあることから、御朱印は書き置きとなる。岩松禰宜は「御朱印は、お参りに来ていただいた人に対して面と向かって書けない分、また直接話せない分、心を込めています。日付だけはお願いしています」と参拝者を気遣い、丁重に話した。

木漏れ日注ぐ神社

●高根沢町太田611
☎028-676-0875
御朱印＊300円
月初めの数量限定の御朱印＊500円

将軍御殿所の字と葵の紋

開雲寺《かいうんじ》

下野

山門をくぐるとすぐに三代将軍徳川家光お手植えの槇がある。落雷により倒れ、今は太い根の部分を残すのみ。開雲寺は1200年余りの歴史を有する古刹だが、毎月第3火曜日は、それに似合わない爆笑の渦が庭まで届いてくる。

「お寺を辛気くさい場所にしたくない」という塩沢弘崇《しおざわこうそう》住職が、寺の施設をお笑い寄席「笑い場しもつけ」に無償で貸し出している。ここで若手芸人が明日のスターを夢見て芸を磨いている。

御朱印の右肩には「奉拝　徳川将軍家御殿所」の文字とその上に三ツ葉葵の寺紋が押されている。

開雲寺には日光社参の休泊所「御殿所」があった。その縁で将軍家と同じ寺紋を使うことを許されている。中央には、光背の中に阿弥陀如来を表す梵字を置いた印も押されている。徳川将軍家との関係を示す寺宝としては、三ツ葉葵の紋の入った道中茶釜も残っている。

開雲寺が最もにぎわうのは、彼岸の中日の三体地蔵尊の大縁日。御詠歌の奉詠と護摩供養が行われる。塩沢住職は「寺が本来持っている、人を集める地域社会のコミュニケーションの場としての機能を大事にしたい」と話している。

徳川家光手植えの槇の根（中央）と本堂

●下野市石橋284-1
☎0285-53-0408
御朱印＊300円

領主佐竹氏の家紋押印

薬師寺八幡宮《やくしじはちまんぐう》

下野

薬師寺八幡宮はその名が示すように、下野薬師寺の鎮守神として創建されたと伝わる。一の鳥居をくぐると約60基の灯籠が出迎え、その先にある本殿は、神社では珍しい黒塗り。1662(寛文2)年、この地を飛び地として治めていた秋田藩の佐竹氏の援助によって建てられた。県有形文化財に指定されている。

御朱印には、この佐竹氏の家紋「扇に月丸」と八幡宮を表す「鳥居に向かい鳩」の朱印が押されている。小島教敬《こじまのりひろ》宮司は「この他に菊、左三つどもえを使うことを許されていて、四つの神紋があります。令和の時代になったことを機に、御朱印に使う神紋も変更しました」と説明する。

中央には弓を手にした馬上八幡の印。前九年の役で源頼義、源義家が安倍一族討伐の際、八幡宮に立ち寄り鉄弓、かぶら矢を奉納したとの言い伝えが残り、社宝になっている。そうした故事から、昭和初期までは、参道で流鏑馬の神事が行われていた。武芸や勝負事の神様として、中高生の運動部などの参拝も多いという。

また、「天狗になった雷神様」など民話になった言い伝えが残る神社でもある。

●下野市薬師寺1505
☎0285-48-0139
御朱印＊300円

県指定文化財の本殿は珍しい黒塗りになっている

梵字で際立つ十一面観音

慈眼寺《じげんじ》

下野

山門をくぐると桜の古木が迎えてくれる。とりわけ、江戸時代に建てられた鐘楼堂前の「雲龍桜」は見事だ。枯れかけ、幹に穴が空いてから復活したので「不死の桜」とも呼ばれる。

慈眼寺は今の群馬県、上野《こうずけ》の新田一族の祈願所として1196(建久7)年に建立された。本尊は十一面観音。

御朱印は中央に「十一面観音」の文字とそれを表す梵字。右に「関東八十八霊場第二十番」と印が押され、左には山号である「多宝山」と記される。

江戸時代は、徳川将軍家の日光社参の昼食所に定められていた。上野法忍《うえのほうにん》住職は「当山の住職は毎年、正月に江戸城に年始参内することが許され、十万石の大名並の待遇を受けていた」と説明する。

寺に伝わる古文書には、参内2日目には、大奥の女中頭にあいさつしたことも記されているという。

カヤから銅屋根にふき替えられているが、江戸時代に建てられた千手観音堂も残る。地元では子宝を授かる観音様として知られる。

お遍路さんだけでなく、御朱印を求めに来る人も増えている。「スタンプラリーではないので、御朱印はご本尊に参拝してからです」と上野住職は話す。

雲龍桜と鐘楼堂

●下野市小金井1-26-2
☎0285-44-3216
御朱印＊300円
住職がいない場合は書き置きもある。

毎月、自作の印で季節感

磐《いわ》裂《さく》根《ね》裂《さく》神《じん》社《じゃ》

壬生

地元では「いわねさん」の愛称で親しまれている磐裂根裂神社。古事記や日本書紀にも登場する「磐裂神」「根裂神」を祀っている。男体山頂を極めた日光開山の祖勝道上人が「ひとえに、天地の神明を祀りたるは、磐裂神等の神勅によるものなり」と語ったと伝わる。約450年前の建立とされる社殿は、県指定史跡「亀塚古墳」の上に建つ。

御朱印の右肩には「下野国正一位」、中央には「磐裂根裂神社之神璽」の印が押されている。下にはイチョウの葉とモミジがあしらわれ季節感を出している。

県指定史跡の古墳の上に建つ社殿

「ここは毎月、変えています。これが欲しくて毎月、参拝に来る人もいます」と刀《たち》川《かわ》清《きよ》満《みつ》宮司。12月は雪の結晶とミカンに変わる。息子で禰宜の治《はる》久《ひさ》さんが、消しゴムはんこで毎月、印を自作している。

神社のもう一つの顔は恵方神社。節分祭に祈祷に訪れた人には太巻きすしの「福巻寿司」が振る舞われる。コメは伊勢神宮に献上している「伊勢の光」。壬生産のかんぴょうも使っている。太鼓の合図とともに、全員がその年の恵方を向いて太巻きを頬張る。

●壬生町安塚1772-1
☎0282-86-6952
宮司宅 0282-86-2618
御朱印＊500円（要予約）

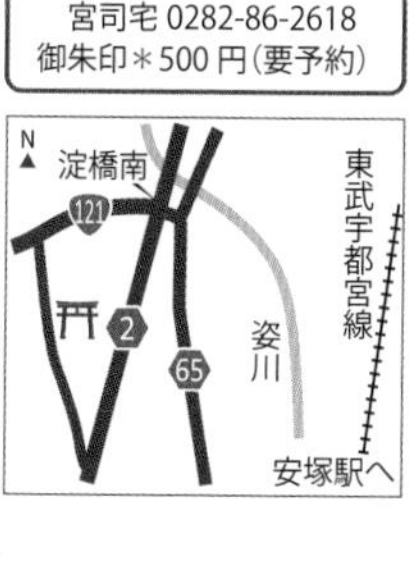

輪王寺ゆかりの「菊に山」

壬生寺《みぶじ》

壬生

慈覚大師円仁の生誕地と伝わる壬生寺は、日光山輪王寺と縁が深い。1686（貞享3）年、輪王寺門跡が日光への道すがら、慈覚大師の旧跡が荒廃しているのを嘆き、壬生城主に命じて建てた大師堂が寺の始まりとされる。

山門をくぐると、正面に朱塗りの大師堂、右手に本堂、左手に地蔵堂が見える。御朱印は慈覚大師と地蔵堂に由来する2種類。

昔から変わらぬ「慈覚大師尊」の御朱印には、「菊に山」の寺紋が押されている。渡辺光喜《わたなべこうき》住職は「寺紋は輪王寺からいただいたもの」と説明する。

もう一つは、地蔵を表す梵字の上に「出世六地蔵尊」と墨書されている。壬生城主松平輝貞《てるさだ》が六地蔵を祀る地蔵堂を奉納。その後、江戸幕府の老中格に出世したことにちなんでいる。

境内には、慈覚大師研究家として知られる元駐日米大使の故ライシャワー博士が訪れたことを記念した石碑も建てられている。

「お寺に足を運ぶことがないような人が、寺巡りをするようになるのはいいことです」と、御朱印ブームを歓迎する渡辺住職。できるだけ自分で筆を執るようにしているが、時間がない場合は書き置きになる。

大師堂（左）と本堂

●壬生町大師町53-16
✆0282-82-0811
御朱印＊300円

光背の中に「薬師如来」

満願寺《まんがんじ》

上三川

県内を代表する難読地名に上三川町の「汗」がある。「ふざかし」と読む。東汗《ひがしふざかし》の仁王山満願寺の本尊薬師如来が、この難読地名の元になっているという。

御朱印の右肩には地名につながる「下野国　汗薬師」、中央には光背の中に薬師如来を表す梵字を入れた印が押され、その上に「薬師如来」と墨書している。

清水智生《しみずちしょう》住職は「ふざかし」と「汗」の関係をこう説明する。昔、近くに鬼怒川の船着き場があり、船の航行を許可する鑑札を貸していたことから「札貸し」がなまって「ふざかし」という地名になった。一方、満願寺の秘仏薬師如来は、願を掛けると汗をかくということから「汗かき薬師」「汗薬師」と呼ばれ、地域のあつい信仰を集めていた。

清水住職は「こうしたことから、『ふざかし』に『汗』の漢字1字を当てるようになったと伝わっています」と話す。

上三川町北部の農村地帯にある満願寺には、多くの文化財が残る。平安時代に制作された阿弥陀如来坐像は県の文化財に指定され、薬師如来坐像や楼門、絵馬など九つの町文化財がある。樹齢510年のカヤは町の天然記念物になっている。

町文化財の楼門

●上三川町東汗1105
✆0285-56-2681
御朱印＊300円
事前の電話予約が必要。文化財の見学も同様。

火防の薬師如来の判

寳光院《ほうこういん》

上三川

「上三川七福神巡り」の恵比寿様を祀る寳光院は、807（大同元）年の創建と伝わる古刹。県道からの入り口わきには、樹齢数百年の大きなエノキが立っている。

「幹は空洞になっていますが、多功宿の神木だといわれています」。宝光寺長老の大橋佳夫《おおはしけいゆう》さんが説明する。

本尊は薬師如来。上三川町文化財に指定されている。珍しい鉄製で、1088（寛治2）年に請来されたと伝わる。60年に1度開帳される秘仏だ。数度の火災に見舞われたが、守り伝えられ「火防《ひぶせり》の薬師如来」としてあがめられている。

御朱印右肩には、これを表す「火防守護秘仏」の判が押されている。中央は薬師如来の梵字の上に「薬師如来」と墨書する。上三川七福神の「恵比寿尊」の御朱印もある。

大橋さんは「本尊にお参りするよう勧めて、その間に御朱印帳を預かり書くようにしています」という。

秘仏の薬師如来は拝めないが、本堂では1329（嘉暦4）年に建てられた石製の板碑が見学できる。これも町の文化財になっている。

高さは2メートル近くあるが、真っ二つに折られている。その理由を大橋さんはこう明かす。「明治時代の廃仏毀釈の際に折られてしまった。土の中に埋められていたものを掘り出したものです」

約270年ほど前に建てられた本堂

●上三川町多功1888
☎0285-53-0382
御朱印＊300円

三宝印に軽やかな筆致

安養寺《あんようじ》

茂木

曹洞宗安養寺の開創は1525（大永5）年。間もなく500年の歴史を刻む。寺は茂木町最南部の、茨城県笠間市と接する集落の里山の山懐にたたずむ。木々に囲まれ、緩やかな時の流れを感じる寺院だ。

小林芳文《こばやしほうぶん》住職は、祖父の先代住職から27歳で住職を引き継ぎ、もうすぐ20年になる。

逆川地区のシンボル、焼森山からは、寺を含む小貫地区が一望できる。山麓には近年「妖精の森」で人気のミツマタ群生地があり、小林住職は「花の季節のお参りの際は『ぜひミツマタを見ていって』と勧めている」と話す。近くにはイチゴ狩りを楽しめる美土里農園もある。観光を兼ねた県外の参拝者も多いという。

御朱印には中央に「仏、法、僧、宝」と書かれた三宝印が押され、軽やかな筆致で南無阿弥陀仏と書かれる。「受ける人に喜んでもらえるようにと心掛けている」と小林住職。

2016（平成28）年には最近のお墓事情に合わせ、境内に永代供養墓と樹木葬の墓園を開いた。檀家以外の施主も広域から安らぎの地を求めて訪れる。埋葬を巡って切実な悩みを抱えた人のニーズに応えたいという意図がある。

寺は平日は留守になることが多いが、土日祝日は午前9時から午後3時に住職や職員が参拝に対応しているので、御朱印を受けることができる。

里山にたたずむ本堂

●茂木町小貫1761
✆0285-65-0959
御朱印＊300円
町内には別に同名の寺院があるので、お参りには確認が必要。

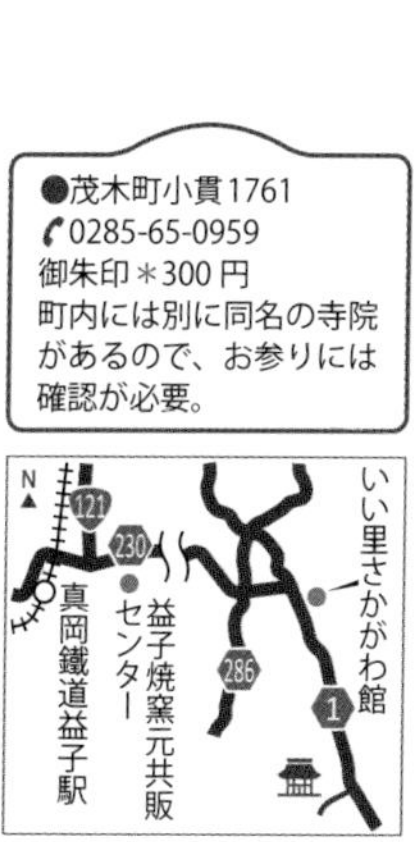

「仇討ち」ゆかり書き添え

法幢寺《ほうどうじ》

茂木

茨城県境に近い緑深い山懐の高台に法幢寺は建つ。「赤穂事件」の赤穂浪士が参考にしたとされる「浄瑠璃坂の仇討ち」ゆかりの寺だ。「江戸三大仇討ち」の一つに挙げられる浄瑠璃坂の仇討ちは、宇都宮藩の家老同士の刃傷沙汰に端を発し、無念の死を遂げた家老の嫡男とその一党が江戸の浄瑠璃坂で4年後の1672（寛文12）年に本懐を遂げた事件だ。

法幢寺には、仇討ちを誓った一党がその日のために身を隠した。その間、寺と村人の温かい人情に支えられ、中心人物の浪士たちが事件後に感謝の石段を寺に寄進した。その折に建てた「法幢寺石段寄進記念碑」（町指定文化財）が参道北側に残っている。

御朱印にも「浄瑠璃坂仇討ゆかり」と左肩に書かれる。闘病中の松山浄空《まつやまじょうくう》住職に代わり寺を預かる妻「寺庭」の恵浄《えじょう》さんが「浄瑠璃坂の仇討ちを知ってほしい」と願って書き添えている。

仇討ちゆかりの資料を調べ上げ、手製の冊子や分厚いファイルを届けてくれる歴史好きもいる。それほど人を引きつける秘話を大切に「歴史的な空気感を伝えたい」と、恵浄さんは寺を維持している。

山門越しに見た本堂

●茂木町深沢983
☎0285-65-0887
御朱印＊300円
臨済宗妙心寺派。境内南東の金毘羅山に10分程度で登れる遊歩道も。

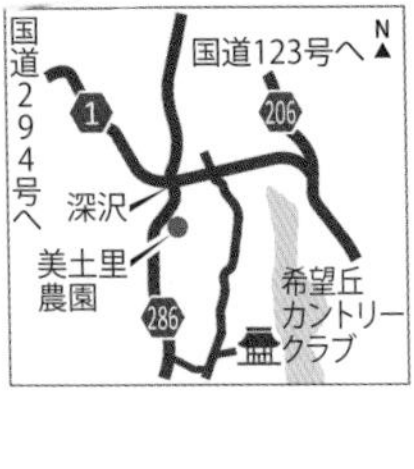

県内草分け篆刻家の印も

慈眼寺《じげんじ》

市貝

赤羽小などがある赤羽地区の中心部、国道123号から少し南に入ると広がる境内に、本堂、観音堂、薬師堂が建つ。参拝者を迎える位置には鐘楼がある。

下野三十三観音札所の第14番札所で真言宗豊山派の古刹。建立は1352年と伝わる。現在の本堂は1840（天保11）年に焼失して1852（嘉永5）年に再建され、仮に建てられたという。

本尊の木造十一面観音菩薩立像（鎌倉時代）は町指定文化財で、2019（令和元）年に町歴史民俗資料館で初めて公の場に展示された。像高86センチ、下半身にまとう裳《も》の折り返しに見られる華やかで細かい衣紋の処理が特徴的という美しい仏像だ。

重原聖鳥《しげはらせいちょう》住職が書く御朱印には、中心にその本尊が「十一面観世音」と書かれる。左下には、県内草分けの篆刻家新井幽秋《あらいゆうしゅう》さん（2007年没）作「慈眼寺」の朱印が押される。

下野書道会最高顧問の肩書を持ち、本県書壇の重鎮の一人でもある重原住職は、御朱印を「バランスを考え、心を込めて書いている」と言う。「『お参りすると心がすがすがしくなる』と聞くとうれしくなる」と話す重原住職。心がこもった御朱印はそういうお参りの証しだ。

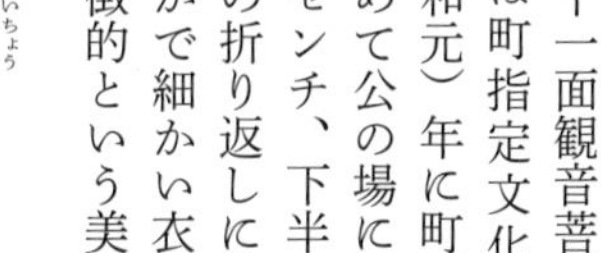

鐘楼越しに見た本堂

●市貝町赤羽2725
☎0285-68-0600
御朱印＊300円
町内には別に同名の寺院があるので、お参りには確認が必要。

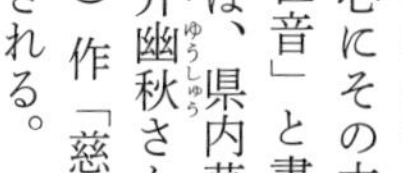

「愚痴聞き地蔵」の印も

桂蔵寺《けいぞうじ》

市貝

尼僧の寺として知られる桂蔵寺。大谷祐真《おおやゆうしん》住職は先々代住職の後継として夫の悟祐《ごゆう》先代住職と2006（平成18）年に寺に入り、その後体調を崩して退いた夫の跡を継いだ。

寺は元宇都宮市内にあったが廃寺となり、1904（明治37）年に妙哲《みょうてつ》が現在地に再興した。妙哲尼は占いにたけ、再興以前には「（幕末の）安政の大地震を言い当てた」と評判をとり、その神秘性で「行者《ぎょうじゃ》さん」と親しまれ、5千人もの信者を集めたという。

大谷住職は下町、東京・日本橋の出身。大学の研究室にもいたという経歴で、夫と寺を整え、寺の不思議な来歴を調べ上げ、「妙哲は現人神のように敬われていた」ことも分かった。

御朱印は2種あり、本尊の釈迦如来と書かれる御朱印には、笑書体の朱印に、妙哲を祀る六角堂と境内に建てた「愚痴聞き地蔵」の印を押している。

檀家はわずかだが、曹洞宗の寺として動物好きの住職の思いを形にした供養を行っている。動物と人間を共に供養する施餓鬼もその一つ。本堂には今年10歳で事故に遭い落命した愛犬「八《はち》」の遺影を飾る。不慮の死を遂げた人の葬儀を受けることも多いという。

「八と歩いた10年間には意味があった。いろいろ教えられた」。語り口からはささやかな命に寄り添う住職の人柄がしのばれる。

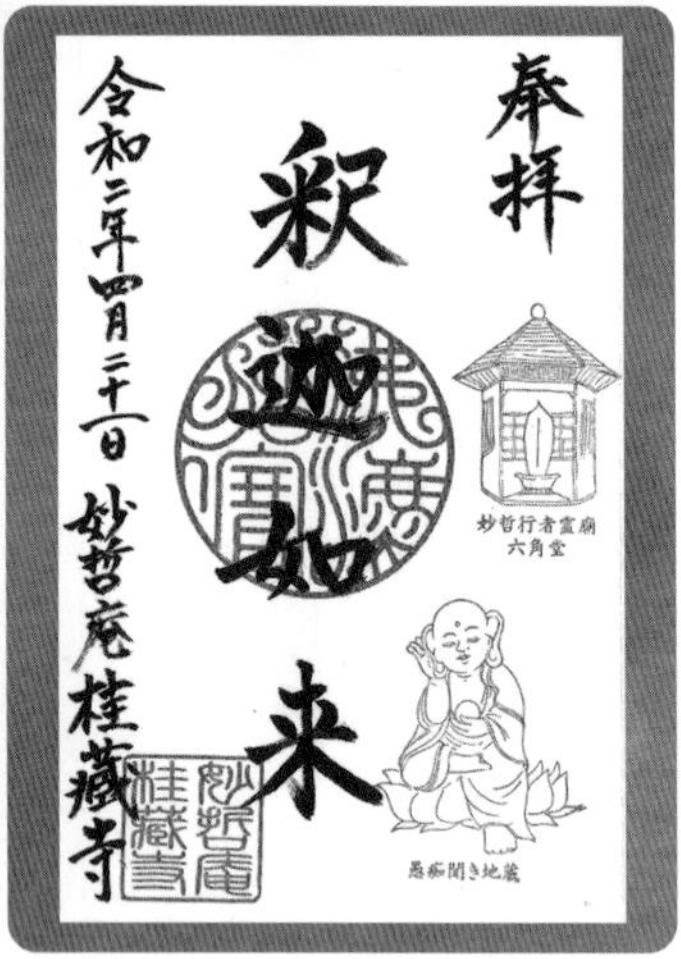

●市貝町市塙197
☎0285-68-0062
御朱印＊300円
芳賀秩父観世音三十四番「延命子安観世音」と書かれた御朱印も別にある。参拝には要連絡。

妙哲の霊廟六角堂（左）と本堂

県南

社名額にちなみハト配置

下野國一社八幡宮《しもつけのくにいっしゃはちまんぐう》

足利

「下野国内第一の八幡宮」を意味する下野國一社八幡宮。平安時代後期の前九年の役に際し、源義家（八幡太郎）が戦勝祈願で勧請したのが始まりとされる。

室町幕府を開く源姓足利氏は義家の孫義康が初代で、初代将軍尊氏は8代目。江戸時代には社領20石を抱え、1814（文化11）年に再建された現在の本殿は壮麗な彫刻で飾られ県指定文化財になっている。

御朱印は社印にハトを配する。1792（寛政4）年造営で市文化財の銅造鳥居に掲げた社名の額で「八」をかたどったハトに由来。

まさに源氏の守り神として知られる鶴岡八幡宮（神奈川県鎌倉市）を想起させる。

尾花章《おばなあきら》宮司は「源姓足利氏発祥の地。社務所には総代が毎日交代で詰め、参拝の仕方などの説明もしている」と話す。地域のよりどころとして氏子総代が神社を支える。

近年は境内の末社、門田《かどた》稲荷《いなり》神社を目指す遠方からの参拝者も多いという。「縁切り」の御利益で知られ、病気やギャンブルなどさまざまな縁切りが祈願されるという。門田稲荷神社の御朱印もある。

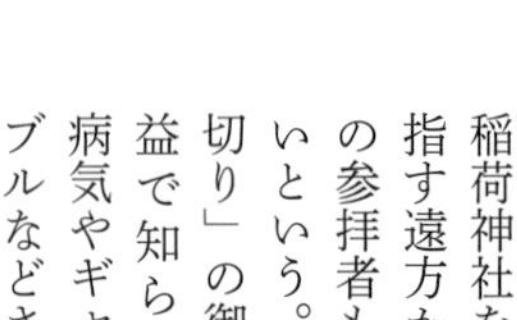
社殿は本殿が県、拝殿・幣殿が足利市の指定文化財になっている

三《み》井《つい》俊《とし》二《じ》総代会長は「若い家族連れや子どもにも親しんでもらえるよう取り組んでいる。より多くの人に八幡宮を知ってほしい」と話している。

●足利市八幡町387-4
☎0284-71-0292
御朱印＊300円
御朱印の墨書は宮司がいる場合は直筆だが不在の場合、判になる。午前9時～午後4時（冬季は3時）。

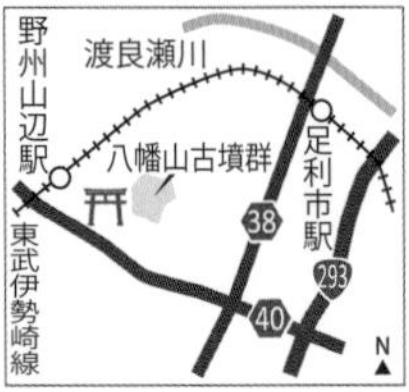

令和迎え　新たな毘沙門天

大岩山多聞院最勝寺《おおいわさんたもんいんさいしょうじ》

足利

大岩山多聞院最勝寺は聖武《しょうむ》天皇の勅願により、745（天平17）年に開山された。日本三大毘沙門天の一つに数えられる。

山頂近くにある寺は、奈良・東大寺の大仏建立の責任者としても知られる行基《ぎょうき》上人が建立した。夢に毘沙門天と名乗る武人が現れ、「寺を開くべき場所は大岩山」とのお告げがあったと伝わる。沼尻了《ぬまじりりょう》憲《けん》住職は「当時は夢のお告げも情報の一つと捉えられていた」と話す。

令和を迎え、御朱印の種類を増やした。新たに加わったデザインは中央の大きな毘沙門天の印が特徴的で、悪鬼を踏みつぶす姿を描く。右上には、毘沙門天の梵字を描いた如意宝珠を覆う火炎の印が配される。火炎は不浄なものを焼き清めるとされる。従来のものは、毘沙門天が寅年、寅の日、寅の刻に日本に現出したという縁起事から、右下に寅の印が押される（掲載は令和版）。

最勝寺の名や勝負事に強い毘沙門天を祀っていることから、スポーツなどの必勝祈願や試験の合格祈願に年間約4～5千人が参拝する。

沼尻住職は「御朱印が祈りの始まりと捉え、多くの人が神社仏閣を訪れるきっかけにしてほしい」と話した。

本堂

●足利市大岩町570
☎0284-21-8885
（最勝寺本坊）
御朱印＊500円
2種類を押す見開きの御朱印＊1000円

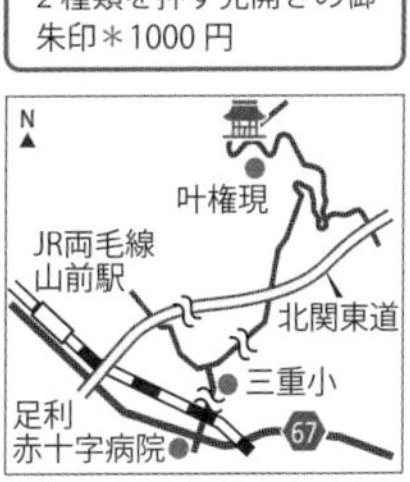

目を引く神紋　イモの葉

芋森神明宮《いものもりしんめいぐう》

足利

芋森は諸国巡礼の弘法大師空海が訪れた平安時代の「石芋」伝説にちなむ。

空腹の大師に、おばあさんが「これは石芋だから」と言ってイモをあげなかった。イモは本当に石のように硬くなり、おばあさんは森に捨ててしまった――。

社殿裏で湧き水をたたえる「弘法の池」周辺は、今もイモの葉が茂る。

御朱印の墨書は印刷だが、中央に押印された神紋が目を引く。3枚のイモの葉がともえを形作っている。

神明宮の由来も古く、平安中期の武将平貞盛が940（天慶3）年、氷川神社（さいたま市）で平将門討伐の戦勝祈願をした時のお告げで創建したと伝わる。後世になりこの地を治めた矢場《やば》氏が1522（大永2）年、社殿を創建したという。

吉岡民男《よしおかたみお》総代長は「勝負の神様であり、五穀豊穣の御利益もある」と話す。近年は境内に公園が整備され「夏祭りなどで地域の人が集まり、コミュニティーの中心になっている」という。

弘法の池は国の絶滅危惧種ニホンカワモズクが初めて確認された場所で、自生地として市天然記念物に指定されている。ほとりに立てば、清涼な水が災厄を洗い流してくれるだろう。

社殿。裏の森に弘法の池がある

●足利市南大町277
☎0284-71-8047
（吉岡総代長方）
御朱印＊300円
春夏秋の祭り、大みそか・元旦などに授与する。その他は事前予約が必要。

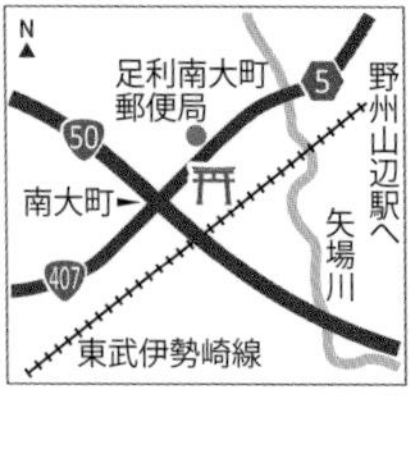

月替わり　季節の判

本経寺《ほんきょうじ》

足利

三方を山が囲う日蓮宗の本経寺。両崖山の南西に位置し、子どもを守るという「子安弁財天」を祀る。この弁財天は室町時代に足利の地を統治した長尾氏の3代景《かげ》長《なが》が、城を守るために配置した七弁天の一つと伝わる。

明治〜大正期、眼病を患った男性が、弁天様へのお参りを毎日続けたところ、病が完治したという。この礼としてお堂が建てられ、大勢の病気を抱える人々が参拝に訪れたのが、寺の起源だ。今もその名残から病の回復のほか、子どもの発育、厄よけなどに御利益があるという。

本堂

御朱印は、2019（令和元）年末から清水文隆《しみずぶんりゅう》副住職がデザインから筆入れまでを一貫して手掛ける。龍の判を基調にしたもののほか、高校時代に美術部だった経験を生かして、一枚一枚に手作りした月替わりの季節の花の判を押し、右上に日蓮が信者の信仰を促すために書いた「御遺文」から抜粋した言葉を月ごとに書くものもある。

清水副住職は「御朱印を機に寺を訪れ、静かな山の中で自分の心と向き合う時間を持ってもらいたい」と話している。

●足利市西宮町3806-2
☎0284-21-6476
御朱印＊500円から

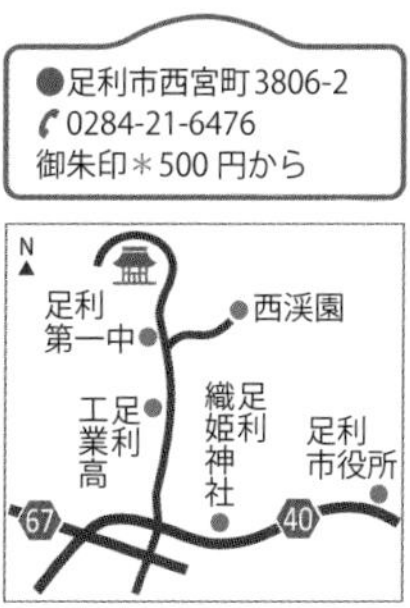

樺崎《かばさき》八幡宮《はちまんぐう》

足利

室町幕府将軍家の祖、源姓足利氏の2代義兼は晩年出家し、自ら創建した樺崎寺で1199（正治元）年に生き入定したという。義兼入定の地に、3代義氏が八幡神を勧請したのが始まりとされ、足利氏にゆかり深い由緒を持つ。

朱色が鮮やかな現在の本殿は江戸時代の1681～83年に再建されたもので、足利市文化財に指定されている。御朱印はこの本殿をかたどり、他に「樺崎八幡宮」の2種の印が押印される。墨色の「奉拝　樺崎八幡宮」の文字も押印で、筆字で日付が添えられる。

樺崎寺は明治時代の神仏分離令により廃寺となった。国史跡に指定された寺跡は現在、発掘調査を経て足利氏御廟跡や園地を中心とした浄土庭園などが復元整備され、往時をしのばせてくれる。寺跡の訪問と合わせ、近年の参拝者は県内外から年間1万人超を数えるという。

参道と拝殿。拝殿の奥に本殿が建つ

氏子総代代表の斎藤昭一《さいとうしょういち》さんは「参拝者は礼儀正しい紳士淑女が多い」と話す。足利氏に由来する八幡宮は今、地域のよりどころとして氏子たちが支えている。春、秋の例大祭では足利市文化財の太々神楽が氏子たちにより奉納され、地元住民や帰郷した親類縁者などでにぎわう。

●足利市樺崎町1723
☎090-1889-2239
（斎藤総代代表）
御朱印＊300円
境内の集落研修集会センターに掲示された電話番号に電話をかけてお願いする。

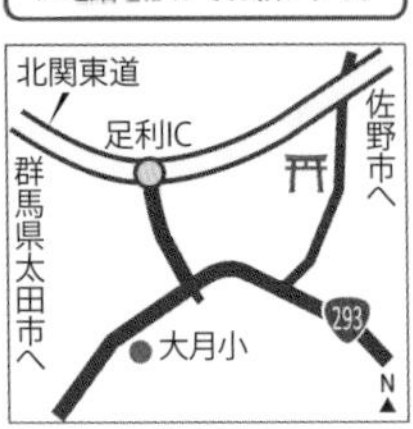

金の「ピンポン寺」に願い

徳蔵寺《とくぞうじ》

足利

足利市内を流れる渡良瀬川近くにある天台宗の徳蔵寺は、12世紀後半に龍海《りゅうかい》上人が開創したと伝わる古寺の一つ。木造《もくぞう》五百羅漢像附《ごひゃくらかんぞうつけたり》羅漢堂《らかんどう》や愛染明王像附厨子《あいぜんみょうおうぞうつけたりずし》など四つの文化財を保有する。

市民には「ピンポン寺」としても親しまれている。1976（昭和51）年から40年以上続く卓球大会の様子から、そう呼ばれるようになった。

8種類ある御朱印にも「ピンポン寺」の文字が入る。令和への改元に合わせて「国民が幸せに暮らせるように」との願いを込め、日付などと共に金文字で書くようになった。

足利厄除愛染明王尊の御朱印は、右上のハート形の中に「縁結び」の文字。「愛」の文字が書かれた菊花紋を中央に配し、愛がつながっていく社会を構築するという思いを込めた。

ピンポン大会は、子どもも大人も和気あいあいと楽しんでいる。源田《げんだ》晃澄《こうちょう》住職は「お互いの心がピンポン玉のように行ったり来たりして、会話を弾ませ、楽しめる寺にするのが目的だった」と開始当時を振り返る。境内にはピンポン道場もあり、子どもの遊び場として重宝されている。

源田住職は「寺を心のよりどころとして利用してもらえれば」と話している。

愛染明王像附厨子が安置される愛染堂（左）と本堂

●足利市猿田町9-3
☎0284-41-8621
御朱印＊任意
文化財の拝観は予約が必要。

古来の社号記した墨書

伊勢神社《いせじんじゃ》

足利

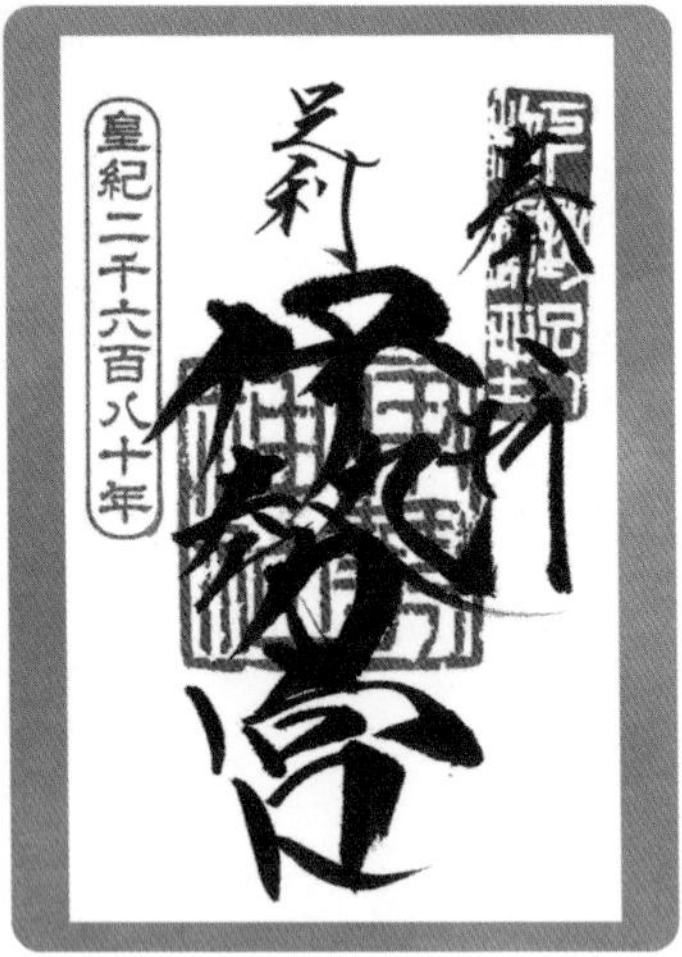

町名にもなり、地元では「いせぐうさん」「だいじんぐうさん」として親しまれている。由緒は古く1151（仁平元）年の創建とされ、2021年で鎮座870年の節目を迎える。室町幕府初代将軍足利尊氏の父貞氏が文書に「伊勢宮之勧請者、祈当家之武運者也」（伊勢宮の勧請は足利家の武運を祈るためのもの）と記した、足利氏にもゆかり深い神社だ。

御朱印は「下野足利鎮座」「伊勢神社」の押印に、古来の社号にならい墨書で「足利伊勢宮」と記される。また、境内に祀られる外宮、月読宮にちなみ「外宮　豊受大神宮」「月讀《よみ》宮」の御朱印も授かることができる。衣食住の神である外宮は黄金の稲穂、子授けや安産の御利益がある月読宮は張り子の犬の絵を配している。

かつては伊勢宮と称し、現在のJR足利駅近くに社殿を構えていた。1925（大正14）年に市中の大火で建物のほとんどを失い、1929（昭和4）年に現在の場所に移された。1942（昭和17）年から伊勢神社と呼ばれるようになった。

提箸《さげはし》照之《てるゆき》禰宜は「心静かにお参りし、家族の平安、健康などを祈って手を合わせてほしい」と話す。市街地の一角にありながら、木々に囲まれた境内に入ると喧噪を忘れさせてくれる。

「神明造り」の社殿

●足利市伊勢町2-3-1
☎0284-41-5347
御朱印＊各300円
日露戦争で日本の連合艦隊を率いた東郷平八郎の筆による社号標などもある。

唯一無二の「アート系」

萬福寺《まんぷくじ》

足利

足利市東部の山裾にある萬福寺は、仏の絵を伸び伸びと描く「アート系御朱印」で注目を集める。45代目の金子《かねこ》元行《がんぎょう》住職が２０１８（平成30）年、「悩みながらたどり着いた」という新たな形だ。

本堂の一角に設けた「工房」で住職自ら参拝客の目の前で筆を執る。黒、朱色、金色の墨を基調に十数種類の筆を使い分け、下書きなしで仕上げていく。

「何を描くかは、その日の気分や参拝者に応じて変わります」。従って同じ御朱印は存在しない。今回は御朱印帳2面分を使い、光を放つ阿弥陀如来の姿に、寺の宗派時宗が重んじる念仏の「南無阿弥陀仏」を朱墨のひらがなで添えてくれた。

本堂

なぜこれほど凝ったことをするのかと尋ねると「参拝を楽しんでほしいから」。御朱印を待つ間、住職に話を聞いたり、本堂の仏像を間近で見たりすることも許される。

御朱印帳への直書きが基本。時間がかかるため対応可能日は限られている。御朱印の対応については、事前にホームページ（ＨＰ）で確認を。ＨＰは「萬福寺　足利」で検索できる。

●足利市大沼田町1436
☎0284-91-0251
御朱印＊1面300円
6面まで可能。

三種の神器かたどった判

八雲神社《やぐもじんじゃ》

足利

足利市内を流れる渡良瀬川にほど近い八雲神社は日本武尊《やまとたけるのみこと》が東征した際、出雲大社の祭神を勧請したのが創建と伝わる。869（貞観11）年には清和天皇が東国第一勅願所と定め、疫病退散や国家安泰を祈らせた。その名残から、新型コロナウイルス禍の現在も信仰を集めている。

2012（平成24）年に火災に遭い、本殿や拝殿が全焼したが、三重県の伊勢神宮の社《やしろ》に使われた古材を譲り受け、2017（平成29）年に再建された。

御朱印は見開きで頒布される。主となる左側のページ中央には、三種の神器の「八咫鏡《やたのかがみ》」をかたどった判が押される。桜木宏紀《さくらぎひろき》宮司は「東国第一勅願所に定められたからこそ、天皇にまつわる判の使用が認められている」と話す。

右側のページには、桜木宮司が描いた素戔嗚尊《すさのおのみこと》などの絵や日本最古の和歌「八雲立つ　出雲八重垣　妻籠みに　八重垣作る　その八重垣を」が印刷された紙が貼られる。桜木宮司は「江戸時代から代々伝わる由緒正しき御朱印で疫病を退散していきたい」と話している。

八雲神社は歌手森高千里さんが1993（平成5）年にリリースしたヒット曲「渡良瀬橋」の歌詞に登場しており、森高ファンの聖地としても親しまれている。

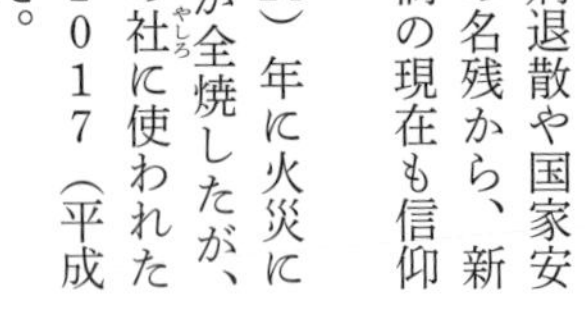

拝殿

●足利市緑町1-3281
✆0284-21-8801
御朱印＊500円
事前の電話予約が望ましい。

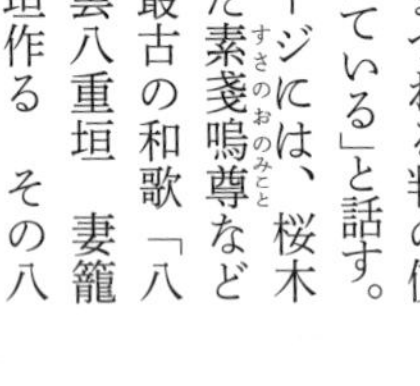

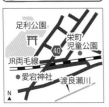

目を引く中央の千手観音

長林《ちょうりん》寺《じ》

足利

1499（明応8）年に現在の茨城県つくば市で開山され、安土桃山時代の1590（天正18）年ごろ、現在地に移転した。江戸時代には朱印地20石を抱え、太平洋戦争時には東京都内から集団学童疎開を受け入れるなど、地域の中心的存在として歴史を重ねてきた。地元では地名を加えて「山川長林寺」と呼ばれ、親しまれている。

本尊は釈迦如来だが、御朱印で目を引くのは十一面千手観世音菩薩坐像。近隣に知行地1千石を持っていた六角広治《ろっかくひろはる》が1706（宝永3）年に寄進したことを記す寄進状が残っている。境内の観音堂に安置され、機会があれば開帳される。

御朱印には、2014（平成26）年に開眼法要が行われた修復の際に描かれた姿が印刷されている。さらに千手観音を示す梵字、禅語の「無一物《むいちもつ》」などが朱印で押される。

矢島道彦《やじまみちひこ》住職は「御朱印を日本の文化、仏教を学び、ご縁を結ぶきっかけにしてほしい」と話す。

豊かな緑に囲まれた寺域は公園として開放され、山門をくぐると静寂の中で思索にふけることができる。訪れるたびに四季の移ろいを感じることができるが、秋の紅葉の美しさはしばし思索さえ忘れさせるだろう。

本堂

●足利市山川町1142
☎0284-41-7488
御朱印＊志納
毛野大坊山(標高285メートル)ハイキングコースの起点でもある。

火伏の不動　りんと表現

泉龍寺《せんりゅうじ》

小山

「乙女不動尊」として知られる泉龍寺。本尊の不動尊像は鎌倉時代、修行僧によって日光・中禅寺湖から小山・乙女の地にもたらされたとされる。戦乱の世、お堂は何度も焼失し、平成に入ってからも落雷による火災に遭ったが、本尊は無事に守られてきた。「火伏の不動」伝説があるというのもうなずける。

　その姿をじかに拝めるのは24年に1度のご開帳の時だけ。風間弘《かざまこう》盛《せい》住職によると、前回の2002(平成14)年は約2千人の稚児行列と約2万人もの見学者に見守られ執り行われたという。

　次回は2026年。それまで待てないという人はこの御朱印を。中央には火炎を背負った不動明王の梵字、右には不動明王を象徴する煩悩を断ち切る剣、左に寺の印。りんとした墨書は「揺るぎない守護神」のイメージにぴったりだ。

　寺は日光街道と思川の乙女河岸を結ぶ交通の要衝にあったことから、地元だけでなく多くの旅人が訪れ、徳川家康が小山評定の後、江戸へ戻る前に参拝したとも伝えられる。

　現在は北関東三十六不動尊霊場の第13番札所。風間住職は「巡礼する方の気持ちが仏様に届くように」との思いを込めている。

●小山市乙女 1-25-8
☎0285-45-0373
御朱印＊300 円

本尊が祀られている泉龍寺の不動堂

料理の祖神スタンプも

髙橋神社《たかはしじんじゃ》

小山

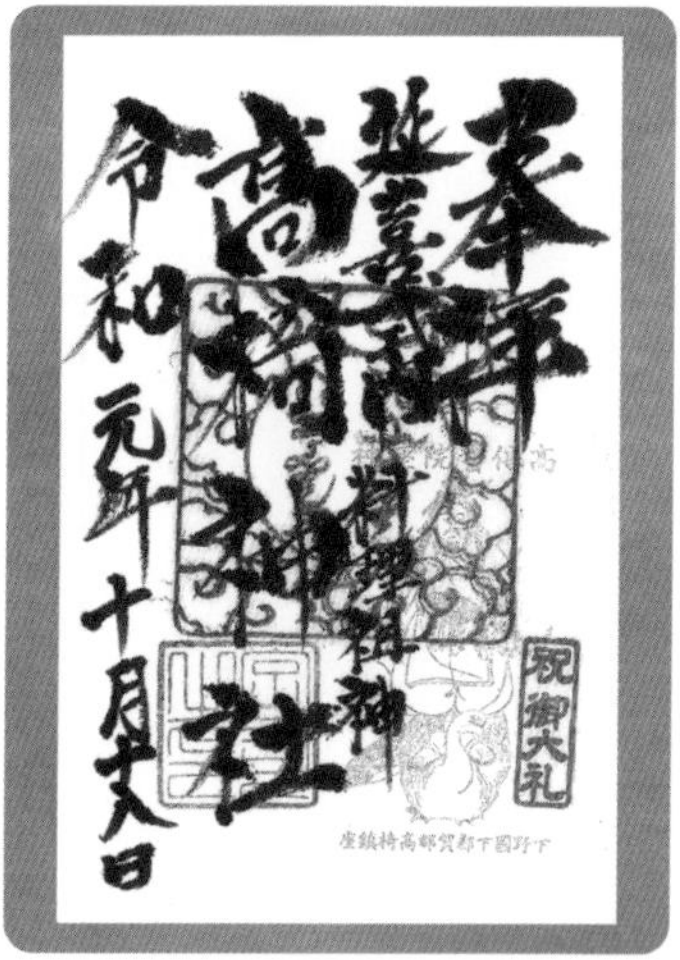

料理の祖神「磐鹿六雁命《いわかむつかりのみこと》」を祀り、全国の料理人から信仰を集める髙橋神社。その起源は日本書紀の時代、日本武尊が東征の際にこの地に立ち寄ったとされる111年にさかのぼる。現在の地に神社を建てたのは、天武天皇の御代の684年。延喜式の神明帳にも記録が残る古社である。

中世以降は結城城主の崇敬が厚く、さまざまな寄進があった。ほぼ1世紀ぶりの大規模修繕で2019(令和元)年にお披露目となった県指定文化財の楼門も結城水野家の寄進。往時の輝きを取り戻した楼門は地域のシンボルとなっている。

2019年修繕された楼門。奥は拝殿

病気療養中の宮司の父に代わって神事を執り行っている禰宜の角《つの》田英之《だひでゆき》さんは「楼門修繕後は、明らかに参拝客が増えた」と話す。人気小説『神様たちのお伊勢参り』に取り上げられたことも影響してか、若い参拝客も増えているという。

朱印は古代文字の阿比留《あひる》草文字で「たかはしおやしろ」と書かれている。楼門修繕を記念し、神社に伝わる古い掛け軸から、磐鹿六雁命が左手にコイを抱き右手にハマグリを持つ絵を図案化したスタンプを2019年春から押印している。

●小山市高橋702
✆0285-49-0159
御朱印＊300円
「鯉の明神様」の別称もある。常駐していないため、御朱印を頂くには事前の電話連絡が必要。

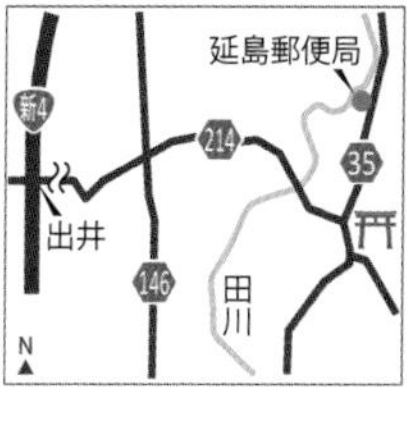

千葉に由来、意匠は簡素

安房神社《あわじんじゃ》

小山

小山市粟宮の国道4号から西に長く延びる参道を抜けると左手に表参道、右手に安房神社が鎮座する。木々に囲まれた古社は伝説によると、創建が約2千年前の崇神天皇の時代。県内に12ある延喜式内神社であり、少なくとも10世紀前半にはこの地で広く信仰を集めていたのが確認できる。

安房国（現在の千葉県）の一の宮、安房神社を祀る人々の一部が移り住んで建てたとされる。地名の粟宮も神社の名に由来していることは間違いなさそう。秋の例大祭で繰り出されるみこしは、アワの穂を頂に飾った「粟がらみこし」であり、地域の農家がアワを献上する儀式が今も保たれている。

由緒ある神社だが2016（平成28）年ごろから専属の宮司が不在で、市内の須賀神社の神職が宮司を兼務している。シンプルな意匠の御朱印は兼務宮司の沼《ぬま》部《べ》泰幸《やすゆき》権禰宜がしたため、拝殿前のさい銭箱の上に置いてある。求めるには初穂料をさい銭箱に納めて持ち帰る。

「御朱印を求めるだけでなく、境内でゆっくり深呼吸でもして豊かな自然と神気を感じていただきたい」と沼部権禰宜。社殿の背後にあるモミの木の群落は、市の天然記念物に指定されている。

●小山市粟宮1615
☎0285-23-3901
御朱印＊300円

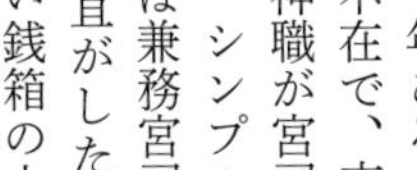

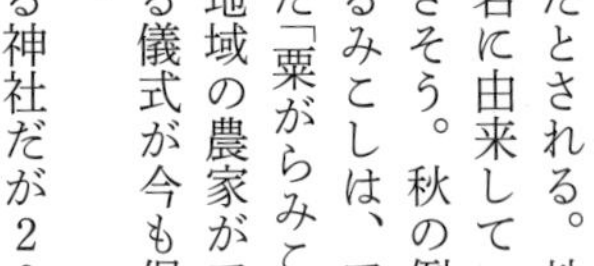
拝殿

主祭神「田心姫命」の押印

網《あじ》戸《と》神社《じんじゃ》

小山

かつて水運の要衝の一つとされた思川のそばに鎮座し、平安期にまとめられた「延喜式」にも記される網戸神社。御朱印は、水運の神として知られる主祭神「田心姫《たごりひめの》命《みこと》」などを押印し、社名を墨書きするシンプルな構成だ。

久楽持浩司《くらもちこうじ》宮司が、全て手書きするのがこだわり。「御朱印は神社と参拝者の交流のきっかけ。楽しんでもらえるように気持ちを込めています」。社名上にある神紋は小山氏の家紋「左二ツ巴」。小山氏の祖、小山政光《まさみつ》の妻寒川尼《さんがわに》をはじめ、歴代の網戸城主からあつい信仰を受けていたという。

久楽持宮司によれば、創建の時期などは資料が失われており定かではない。ただ、拝殿奥にある社殿は806（大同元）年に再建されたことが分かっており、「きらびやかな色彩が施されて再建されたでしょうね」と、思いを巡らせる。

「自分が受けてうれしい御朱印を目指したい」と、背景などに趣向を凝らした限定版もある。ホームページや会員制交流サイト（SNS）で知らせており、久楽持宮司は「御朱印をきっかけに、何度でも訪れてもらいたい」と語った。

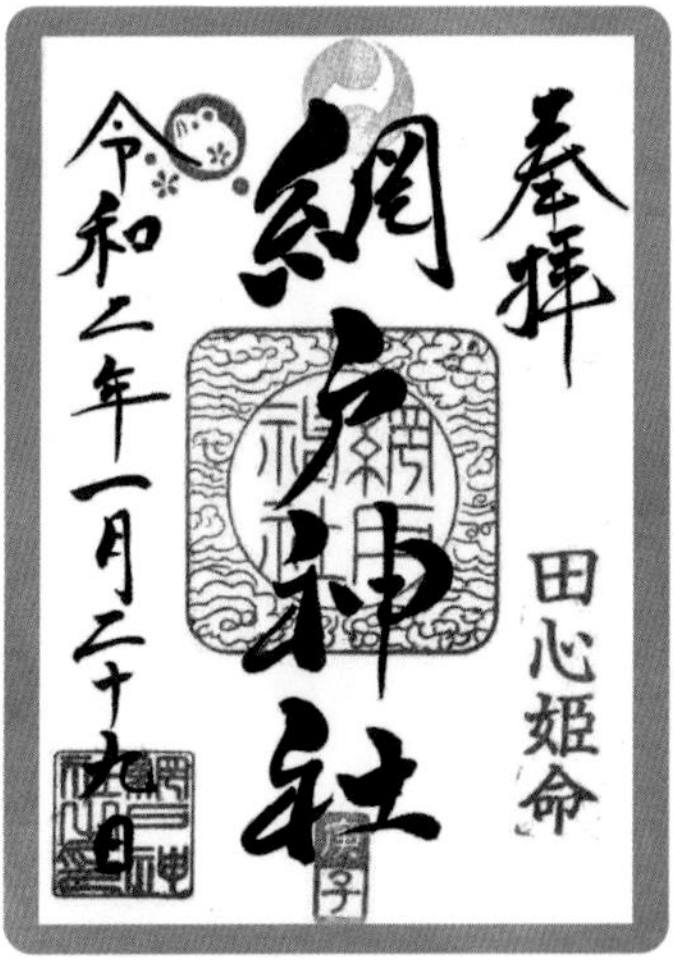

拝殿

●小山市網戸2025
☎090-4204-1117
御朱印＊300円

代々受け継ぐ文字と判

現聲寺《げんしょうじ》

小山

小山市の中心部、須賀神社参道の近くに建つ現聲寺。小山氏と関係の深い鎌倉時代の武将結城朝広《ゆうきともひろ》の戒名からその名が付いた。本堂には、色鮮やかに修復された本尊の阿弥陀如来像が鎮座する。

御朱印は「南無阿弥陀仏」。自然体で柔らかな筆跡は、桑原弘善《くわはらこうぜん》住職が先代の筆跡にならった。中央に押すひし形の三宝印は、先々代が戦前から使っていた。文字にも判にも、代々受け継いだ歴史が詰まっている。

寺が所属する宗派「時宗《じしゅう》」は、常に「南無阿弥陀仏」と唱えていれば極楽浄土へ行けるという考え方なのだそうだ。「信じても信じていなくても、唱えることが大事なんです」と住職が言う。

信じていなくても？　そんな都合のいい話があるのだろうか。それこそにわかには信じがたい。繰り返し尋ねてみたが「唱えることが大事」と同じ答えが返ってくる。なんて心の広い仏様なのだろう。

「ときどき御朱印を見て思い出してもらえれば」と住職。御朱印代は、本堂に参拝してもらうことを前提に無料としている。まずは寛大なご本尊に手を合わせよう。

本堂

●小山市宮本町2-1-17
☎0285-22-0592
御朱印＊無料（参拝を前提）。住職または副住職が対応する。

大日如来　伸び伸びと墨書

宝性寺《ほうしょうじ》

小山

山門をくぐると、境内の珍しい草花や樹木に目を奪われる。3月末、よく手入れされた庭ではサクラやツツジの各種、ボケなどの花が真っ盛りだった。足元にはニリンソウやイカリソウ、ヒトリシズカなどがひっそりと花を咲かせている。草木の種類は600種を超えるという。

先代が30年以上かけて丹精した庭という。4年前に父の後を継ぎ、住職に就いた高下太朗《たかしたたいろう》さんは「父は今でも元気に庭いじりしています。『境内をアスファルトや石で敷き詰めるのは、本堂がいくら立派でもだめだ』と、よく言っていました」。

高下さんは仏教系の大学で僧侶の資格を取得。若いころから御朱印集めに関心があり、後を継いでから図案を新たに考えた。本尊の大日如来を伸び伸びと墨書し、明治のころから寺に受け継がれている梵字の朱印を押印している。発音は「あ」。大日如来を表すという。

寺の詳しい由来は不明だが、平安末期にはこの地にあったとされる。宗派は真言宗智山派。本堂は築300～400年とされ、住職は高下さんで23代目になる。高下さんは「花盛りのこの時季にぜひ見に来ていただければ」と話した。

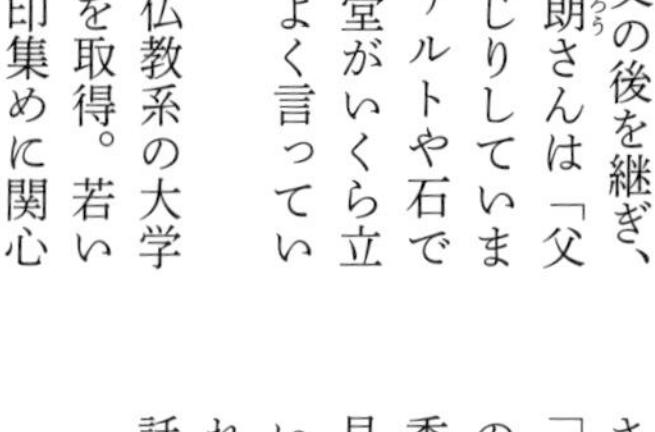
木々に囲まれた本堂前で四季の花が咲く

●小山市延島1144
✆0285-49-0645
御朱印＊さい銭として300円程度。希望者には花暦も配っている。

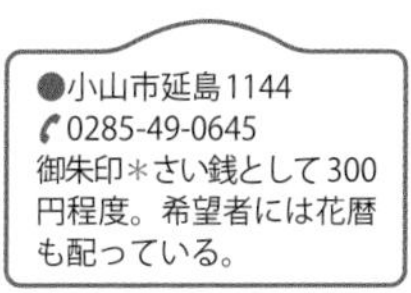

金の大日如来が存在感

持宝寺《じほうじ》

小山

小山第二小近く、街中に本堂を構える持宝寺。奈良時代の僧道鏡が772（宝亀2）年に建立したとされ、寺伝などによると市内でも指折りの古刹という。真言を唱えるなどしてこの身のままで仏となる「即身成仏」の教えを説く真言宗の一派「新義真言宗」の寺院だ。

御朱印はインパクト十分な「金色の大日如来」。真言宗の本尊である大日如来をきらびやかに記し、大日如来を表す梵字を朱印。左側には山号や寺名を墨書きし、寺印も押す。金色の大日如来像を目の前にしているような、シンプルで迫力ある御朱印だ。

猪瀬《いのせ》隆宣《りゅうせん》住職によれば、2015（平成27）年ごろから御朱印を始めたという。当初は墨書きしていた大日如来を金文字にしたのは、ここ1年ほどだ。「せっかく寺に来てくれたのだから、記憶に残る御朱印にしたい。これからも工夫を重ねたい」

参拝後は境内にある釣り鐘も忘れずに観賞したい。道鏡や、道鏡と関係の深かった孝謙《こうけん》天皇の名が刻まれた釣り鐘は1792（寛政4）年の鋳造とされ、天皇の名があるために戦時中の供出を免れたという逸話を持つ。寺の沿革や地域の歴史を伝える貴重な歴史資料となっている。

本堂

●小山市宮本町2-13-15
☎0285-25-2345
御朱印＊300円

込める思いは「慈悲の心」

西念寺《さいねんじ》

小山

小山市西部に建つ西念寺は浄土宗の古刹。京都で活躍した高位の僧侶理覚尋慶《りがくじゅんけい》が各地を行脚した後、1308（延慶元）年にこの地で亡くなった時に礎が築かれたという。

火災で旧本堂が跡形もなく焼失したり、第2次世界大戦で鐘が供出されたりしながらも、多くの檀家に支えられ、2008（平成20）年、開山700年の節目を迎えた。本堂の大改修が行われ、本尊の阿弥陀如来と観音菩薩、勢至菩薩の三尊像も美しく修復された。

31代目の藤波行雄《ふじなみぎょうゆう》住職は元高校教師。35歳で寺を継ぎ、長年二足のわらじを履いてきた。御朱印を始めたのは2015(平成27)年ごろ。「菩提寺の御朱印が欲しい」と檀家に求められたのがきっかけだった。今では檀家以外の人も訪れる。

本尊の名を墨で記し、その名の梵字がハスに鎮座する朱印を押す。そこに込める思いを尋ねると、住職は「阿弥陀如来のように、皆さんにもすべての人に等しく慈悲の心をもって接してほしいですね」と語った。

新型コロナウイルスの感染者に対する心ない言動や、インターネット上の誹謗中傷のニュースに触れることが増えた今、その言葉はずっしりと重く響いた。

本堂

●小山市卒島750
✆0285-37-0161
御朱印＊300円

印影は聖徳太子の教え

新善光寺《しんぜんこうじ》

小山

鎌倉時代に浄土宗から分派した時宗は、一遍《いっぺん》上人を宗祖とする。一遍は信濃国（現在の長野県）の名刹・善光寺へ参詣し、念仏一路の決意を立てた。その縁で各地に善光寺如来の分身を祀ったとされる。

宗派を超えて全国に広がった善光寺信仰は、今も脈々と続いている。これらの寺院で「全国善光寺会」を組織しており、時宗の新善光寺もそのうちの一つである。

現在の地に建立されたのは約300年前と推定される。本堂が今の姿になったのは1972（昭和47）年。昨春（2019年）まで住職だった96歳になる木戸《きど》健雄《けんゆう》さんが、かやぶき屋根だったのを建て直した。今の住職は現在、本山の清浄光寺（神奈川県藤沢市）に勤めているため、前住職の木戸さんが御朱印の筆を執る。

「弥陀三尊」とは、本尊の阿弥陀如来、観音菩薩、勢至菩薩のこと。朱印は、聖徳太子が制定したとされる十七条憲法にある「篤く三宝を敬え。三宝とは仏法僧なり」という有名な一文から引用。

右上の印影「仏日増輝《ぶつにちぞうき》」は「毎日が素晴らしい日でありますように」という意味という。

木戸さんは「なむあみだぶなむあみだぶと、念仏を唱えながら書いてます」と、笑顔で話していた。

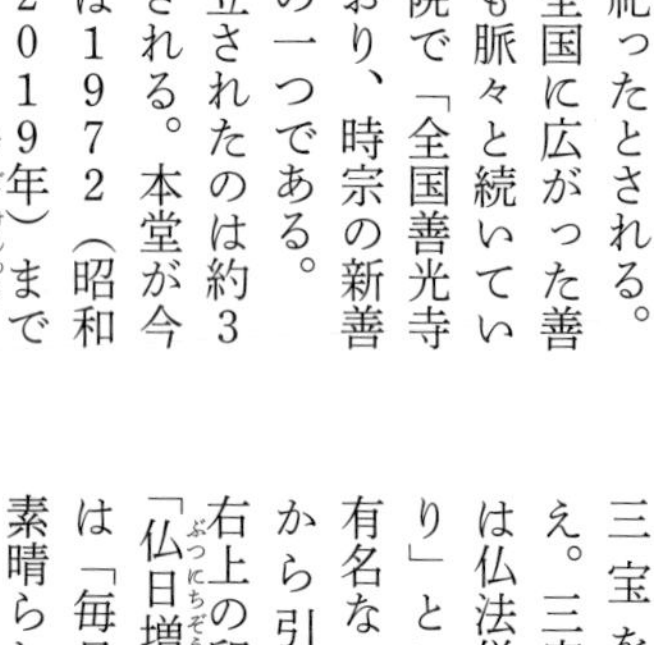
本堂

●小山市卒島784-1
☎0285-37-0031
御朱印＊お気持ち程度

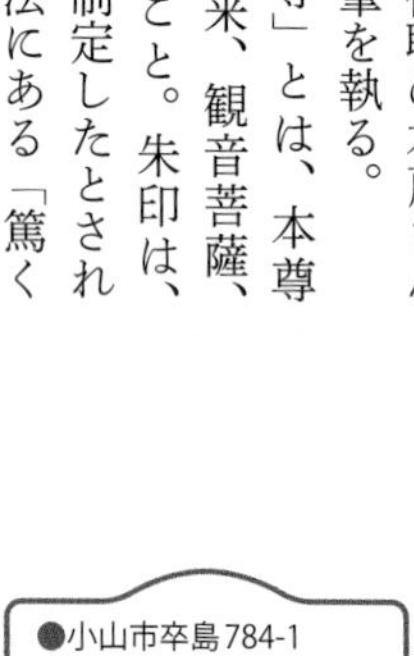

墨文字の存在感際立つ

福城寺《ふくじょうじ》

小山

小山市福良に広がる田園風景にひっそりとたたずむ福城寺。建立は1536（天文5）年。当時周辺を治めていた山川氏一族の一人が一向宗に帰依し、建てた寺が始まりとされる。後に天台宗へと宗派を変え、江戸時代の享保年間（1716～36年）には現在の寺の名に改めたと伝わる。

御朱印は本尊の「阿弥陀仏」の墨文字が力強い存在感を放つ。中央の朱印は仏教における三つの宝「仏・法・僧」の加護を受けることを意味する「三宝印」。

装飾がない分、余白が本尊や朱印の印象を際立たせるシンプルな構成だ。

筆を執るのは村田庸田《むらたようでん》住職。住職となった30年ほど前から御朱印をしたためている。「もともとはお経を奉納する代わりが御朱印。お参りする気持ちを忘れずにいてほしい」。

寺では毎年4月17日、江戸時代から続く一大行事「大般若転読《だいはんにゃてんどく》」があり、毎年「息災延命《そくさいえんめい》・転禍為福《てんかいふく》」を祈る。地域には、かつて法要を中断した際に疫病が流行したと伝わる。以来、途切れたことがない法要だという。

今年は新型コロナウイルス禍で一層祈りを込めた。村田住職は「御朱印もコロナ退散を祈って書いています」と語った。

●小山市福良2198
☎0285-49-0003
御朱印＊お気持ち程度。
事前の電話連絡を推奨。

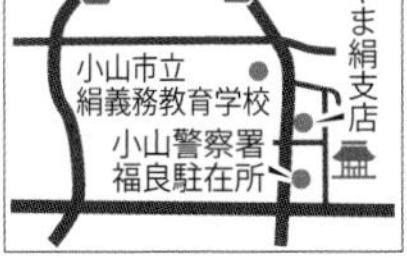

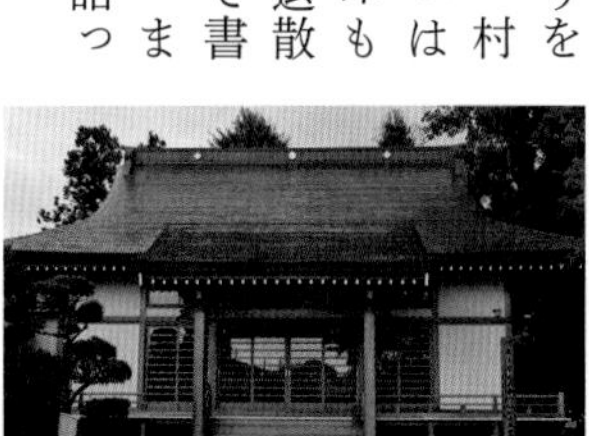

1年ほど前（2019年）に改修したという本堂

小山

円満寺《えんまんじ》

「円満」願う地蔵様の絵

小山市の西部、中小学校の隣にある真言宗の円満寺。寺伝などによると、永禄年間（１５５８～69年）ごろ、小山氏の17代当主小山高朝《たかとも》が自身の祈願所として創建したと伝わる。関東に33カ所あるぼけ封じ観音霊場の第22番札所であり、本堂左手に観音像を拝める。

御朱印は松岡純央《まつおかじゅんえい》住職が筆を執り、オリジナルの台紙を使う。目を引くのは本尊「地蔵尊」の力強い墨文字。寺名にある「円」を、寺紋の「蛇の目輪」にちなんで丸く崩して書いているのも特徴の一つだ。

本堂

地蔵尊の真言も読み仮名付きで記した。穏やかな表情のお地蔵様2体の絵は「何事も円満に収まるように」と、元中学校の美術教諭で絵手紙が得意な松岡住職の母芙久子《ふくこ》さんが描き添えた。

地蔵尊の御朱印を始めたのは２０２０（令和２）年夏から。これまでぼけ封じ観音のみだったが、檀家らからの要望に応えた。「新型コロナウイルス感染症の流行下でも、御朱印が心のよりどころになるように書いている」と、松岡住職。同じく本堂に祀る不動尊の御朱印も同時に作り、こちらは芙久子さんの迫力ある不動尊の絵が楽しめる。

●小山市上泉137
☎0285-38-0065
御朱印＊300円

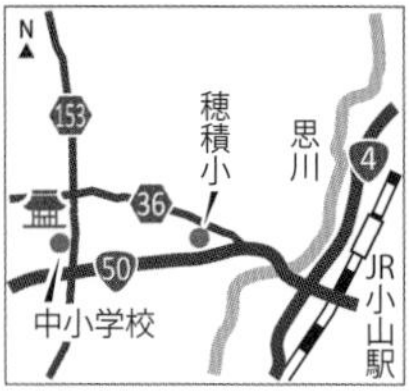

「幸せの形」梵字の判に

満《まん》願《がん》寺《じ》

野木

国道4号を東京方面から本県に入って最初に現れる寺が野木の満願寺。1616（元和2）年に野木神社の別当院として創建された由緒ある真言宗の寺で、2016（平成28）年には四百年祭を祝った。「そのころから御朱印を求めに来る人が増えましたね」と三浦《みうら》良盛《りょうせい》住職は振り返る。

ご本尊は金剛界の大日如来。「真言宗では、この世は浄土。その幸せを形にしたのが大日如来です」。その御朱印には中央にご本尊の名が力強く墨書されている。光背をかたどった判の中央にあるのは金剛界の大日如来を意味する梵字で「バン」と読む。

「本来、御朱印はお経を納めた証しとなる物です。ただ単に集めるのではなく、仏教に興味を持ってほしいと思います」

境内には「塩断《しおだち》地蔵」のお堂もある。興隆仏法のため60年もの間、塩を口にしなかったという勝順盛《かつじゅんせい》上人を供養する。1925（大正14）年に90歳で亡くなるまで晩年をこの寺で過ごした。

昭和初期に行われた塩断地蔵の入仏式の写真には、境内にあふれんばかりの人々が集まっている。檀家だけでなく地域の人々から慕われていたようだ。「塩断地蔵大祭」は毎年11月18日に行われ、多くの人が参加する。

本堂

●野木町野木2029
☎0280-55-0502
御朱印＊300円程度

阿弥陀如来表す墨書と印

光明寺《こうみょうじ》

野木

茨城県古河市と接する野木町野《の》渡《わた》。思川と合流した渡良瀬川に河岸があり、古くは物流の拠点として発展した。この近くに二つの寺院と一つの神社が並んで建っている。

その一つが光明寺。開山は鎌倉時代の1280（弘安3）年と伝えられる。一向《いっこう》上人が開いた時宗の寺院として発したが、1942（昭和17）年にその源流の浄土宗に改宗した。本堂に安置されるご本尊の阿弥陀如来像は江戸時代に解体改修された際、技法から推察して平安時代に造られたことが分かったという。

現在の本堂は1997（平成9）年に新築された。榊原英昭《さかきばらえいしょう》さんは36代目の住職。「解体された旧本堂は築390年ほど。かやぶきで雨漏りがひどかった」と振り返る。祖父、父、兄が務めた住職を継いで、今年（2020年）は50年目の節目の年でもある。

御朱印を始めたのは2018（平成30年）から。「欲しがる人が増えてきたから」と、全て榊原さんが筆を執る。ご本尊の阿弥陀如来を墨書し、朱印の梵字も阿弥陀如来を表している。右上の角印は「奉拝」、左下の丸印は寺の院号「無量院」。

三つの社寺が立ち並ぶ寺の周辺は、静寂に包まれている。来訪の際は静かにお参りしたい。

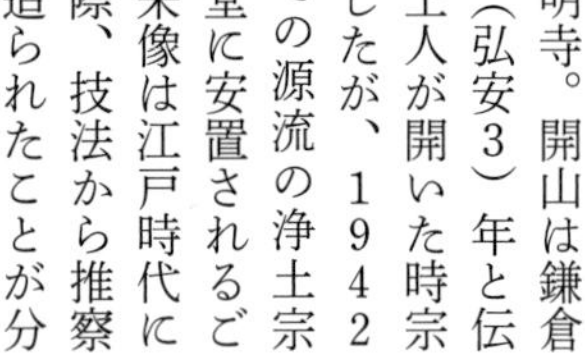
本堂

●野木町野渡873
0280-55-1500
御朱印＊300円

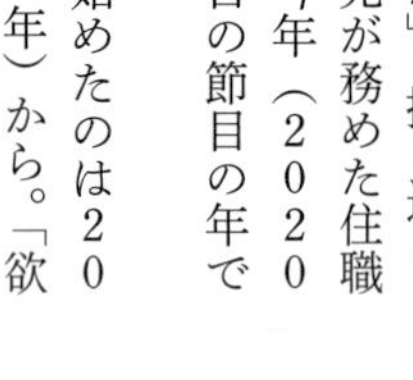

長寿の神「福禄寿」の墨書

光永寺《こうえいじ》

佐野

寺のシンボルであるツゲの古木を中心に、参道沿いにはツツジやサツキ、塀沿いにはハナミズキがバランスよく配され、訪れた人の心を和ませる。

京風の趣をみせる回遊式の庭園は、地域住民の散歩コースとしても親しまれる。

「東国花の寺」の一つでもある光永寺が創建されたのは1632（寛永9）年。空っ風が吹き荒れる冬の時季、村から大火が出ることがないよう不動明王に守ってもらおうと、烈風を直接受ける集落の北西部を選び建立したと伝えられる。

平成の時代に入ると、市内にある真言宗豊山《ぶざん》派の7寺が「佐野七福神」として連携。光永寺本堂前では「長寿」の神として知られる福禄寿をまつる。

御朱印の中央にも「福禄寿」の文字。榎本博司《えのもとはくし》住職と妻の範子《のりこ》さんが筆を執り、不在時でも対応できるよう書き置きも常備する。

「花の寺」や「七福神」巡りの記念として求める市外の参拝者も増えているという。

榎本住職は「どのようなきっかけであっても、神や仏と縁を結んでいただくことは良いことだと思う。そういう意味でも御朱印のブームは歓迎したい」と話している。

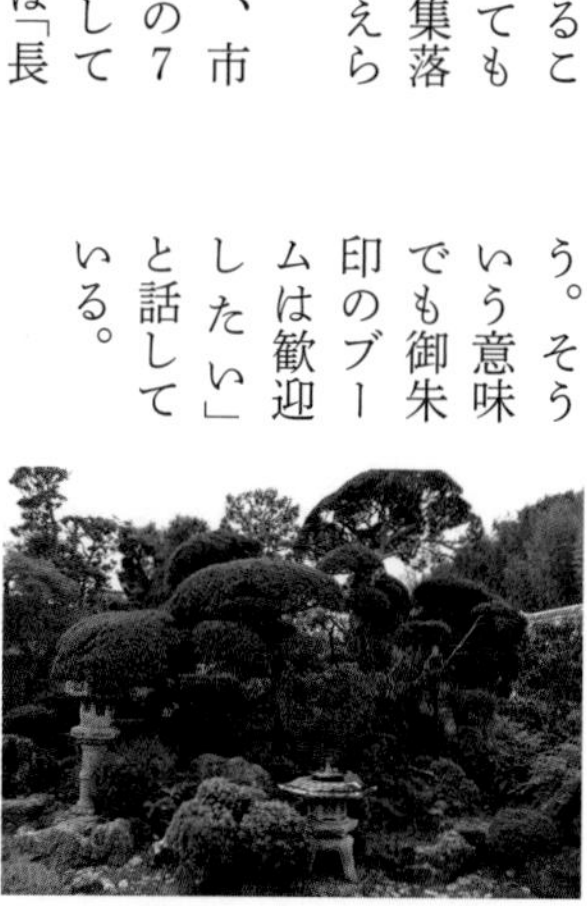

寺のシンボルとして親しまれるツゲ

●佐野市飯田町874
☎0283-22-5648
御朱印＊300円

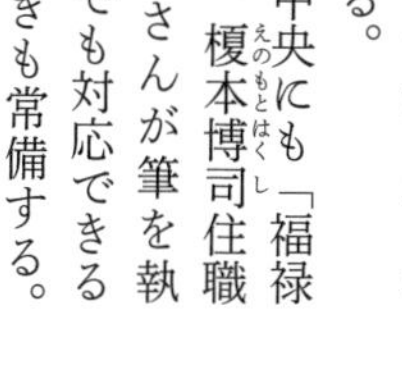

神鈴の判で愛らしさ表現

赤城神社《あかぎじんじゃ》

佐野

木々に囲まれた静かな空間に高さ約4・5メートルの鳥居が姿を現す。天明鋳物師の丸山善太郎毎《まるやまぜんたろうつね》昭《あき》らの手で、江戸時代後期の1769（明和6）年に造られ、今では佐野市有形文化財に指定されている。鳥居の柱の下部には稲荷の文様が残り、江戸時代に庶民の稲荷信仰を集めた赤城神社の歴史の深さを感じさせる。

一度焼失し、文化文政時代（1804～31年）に再建されたと伝わる社殿には竜の彫刻が施され、荘厳な雰囲気を醸し出す。神鈴は1771（明和8）年制作の天明鋳物製で、鈴の中に別の鈴を入れた二重構造により特有の低音を響かせる。

宮司の早乙女晶子《そうとめあきこ》さんは「御朱印ブームもあり、今年（2019年）の参拝客は例年の10倍に増えた」と笑顔を見せる。先代の父昭《しょう》司《じ》さんが30代の頃に作ったという石製の御朱印を一枚一枚に丁寧に押し、左上には晶子さんがデザインした神鈴の判をあしらい、愛らしさを出した。

茨城、山形、愛知——。県外からも多く訪れる参拝客。「私のデザインした鈴がドラえもんの鈴みたいだねって声もあったんです」。晶子さんは参拝客からの反響の声を喜び、「静かな神社なので、気軽に来てリラックスしてほしい」と話している。

鳥居と社殿

●佐野市植下町430
☎0283-24-0503
御朱印＊300円

丸みに平和の願い込め

台元寺《たいげんじ》

佐野

「佐野坂東三十三箇所」の一つ。創立は1601(慶長6)年3月、天下を二分した関ケ原の戦いの半年後にあたる。

本堂前にある「佐野百観音」は県指定有形文化財。庶民の生活にも茶器が広まり、佐野の伝統工芸・天明鋳物が隆盛を極めた江戸中期、5人の鋳物師が腕を競いながら100体の観音像を完成させたとされる。

第2次世界大戦中は金属類回収令により拠出命令を受けたが、先々代の第31世住職実道《じつどう》師が命がけの座り込みで守ったという逸話も残る。

「美術品としての価値や地元住民の思いが先々代を動かし、国にも通じたのでしょう」と、現住職の井上純道《いのうえじゅんどう》さんは思いをはせる。

御朱印の中央にも「百観音」の文字。このうち「百」に少し丸みを帯びさせるのが、井上さんのこだわりという。「世界平和の願い。そして丸く暮らせますようにという思いを込めながら書いています」

御朱印ブームもあり、市外から訪れる一般参拝者も少なくない。「皆さん気軽にお参りいただければうれしい。御朱印がそのきっかけになれば」と目を細める。

県指定有形文化財の佐野百観音

●佐野市犬伏上町1892
✆0283-23-0141
御朱印＊300円
住職不在時は書き置きで対応。

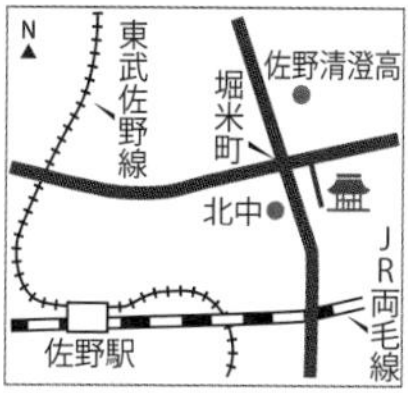

手製シールに思い込め

八坂神社《やさかじんじゃ》

佐野

旧葛生町の市街地の一角に静かにたたずむ八坂神社は、ヤマタノオロチを退治したとの伝説が残るスサノオノミコトを主祭神として祀っている。疫病などから守ってくれる神様として、長く地元で信仰を受けてきた。

御朱印は、上部4分の1ほどのスペースにシールが貼られている。宮田義丸《みやたよしまろ》宮司が撮影したイチョウや山車、茅《ち》の輪などの写真をシールにしたものだ。来てくれた参拝者の印象に残るような御朱印にしようと、2018（平成30）年から季節折々のシールを御朱印に貼付しているという。

社殿

2月の御朱印のシールに写るのは、節分の日に豆まきをする地元の子どもたちの姿だ。昨年（2019年）、宮田宮司が撮影したという。佐野市内では豆まきを行う神社は少なくなったが、八坂神社では今も続く2月の風物詩だ。

近年の御朱印ブームで、関東のほか、中部や東北などの遠方から訪れる参拝者も増えているという。宮田宮司は「シールを見た時に、『おや』といった反応を見せてくれるのがうれしい。帰った後にシールを見て、神社のことを思い出してほしい」と話している。

●佐野市葛生西1-10-36
☎0283-85-3179
御朱印＊300円

昔ながらのシンプルさ

磯山弁財天《いそやまべんざいてん》

佐野

日本名水百選の一つ「出流原弁天池」を左手に急な階段を上ってゆくと、山の中腹に朱塗りの本殿が浮かび上がる。最後の力を振り絞り、足を踏み入れれば、佐野市内を一望できる絶景が待っている。

磯山弁財天は、平安時代の武将藤原秀郷が948（天暦2）年に創建したと伝えられる。

何度か火災に見舞われ、現在の本殿は鎌倉時代に再建。市出流原弁財天観光協会の資料では、「くぎを使わないという昔日の建築美を今に伝える文化財」と紹介している。現在は、佐野七福神巡りのコースとしても知られる。

事務所が備えられていないため、御朱印の提供は出流原弁財天協会の事務局でもある弁天池向かいのホテル一乃館が代行。中央には朱の弁財天が配置される。「最近のブームで華やかな御朱印もあるようだが、弁財天のものは昔ながらでシンプル」と、担当者は話す。

あしかがフラワーパークなどとセットで観光バスのコースとなっていることもあり、最近は県外からの来訪者も後を絶たない。ホテル一乃館の尾花英隆《おばなひでたか》専務は「今後はドローンで撮った弁財天などの動画をユーチューブで紹介するなど、地域の魅力を発信していきたい」としている。

山肌に映える朱塗りの磯山弁財天

●佐野市出流原弁財天観光協会（一乃館）は佐野市出流原町1262
☎0283-25-0228
御朱印＊300円

心込め「阿弥陀如来」記す

龍泉寺《りゅうせんじ》

佐野

室町時代の1443（嘉吉3）年、鎌倉龍泉寺の僧侶が佐野を訪れた際、地蔵を安置したのがこの寺の始まりと伝えられる。

当時の本尊とされる「木造地蔵菩薩坐像」、さらに江戸時代の作といわれる「木造釈迦如来坐像」は市の文化財に指定されている。

御朱印の中央には、現在の寺の本尊である「阿弥陀如来」の文字。筆字の中央部には、梵字の印も押されている。

書き置きは用意せず、白井《しらい》真澄《しんちょう》住職が参拝者の求めに応じて一枚一枚気持ちを込め記す。

市西部の田園地域にあり交通の便も悪いものの、近年の御朱印ブームで「御朱印めぐり」を楽しむ参拝者もみられるという。

「どんな理由であれ、気軽にお参りいただければありがたい。こんな時代だからこそ、信心の手助けができれば」と、白井住職は笑う。

かつて、この地域で流行した疫病を無くすため続けられてきた龍泉寺の行事に、薬師参りがある。

時代は巡り、新型コロナウイルス感染症の拡大が社会問題となった今も、住職の願いはかつてと同じという。

本堂

●佐野市村上町788
☎0283-23-5233
御朱印＊300円

宮司からの言葉も添え

浅間神社《せんげんじんじゃ》

佐野

拝殿

桜の名所として知られる嘉多山公園の駐車場から坂道を上っていくと、奥に拝殿の鮮やかな朱色が見えてくる。

浅間神社は約800年前に創建され、館林城の鬼門よけや、葛生の氏神としての役割を担ってきた。2017（平成29）年には拝殿の修復が行われ、外壁や彫刻が色鮮やかに再塗装され、よみがえった。その裏手には金精大明神《こんせいだいみょうじん》が祀られており、夫婦和合、子宝の神様としての信仰が厚い。

主祭神は古事記にも登場する木《この》花咲耶姫命《はなさくやひめのみこと》。石田雅寿《いしだまさとし》宮司は「木花咲耶姫命は美しく懐の深い女神。燃える建物のなかで出産するエピソードなど、面白い逸話がたくさんある」と語る。

御朱印は、中央に神社名の書。左上には明るく、正しく、清く、まっすぐにいようという意味の「明浄正直《めいじょうせいちょく》」が朱色で書かれていた。宮司がその時々の気持ちで参拝者に向けて添える言葉のため、同じものが書かれるとは限らないという。

石田宮司は「新型コロナウイルス感染症が収束したら、にぎやかなお祭りを開きたい。早く明るい町や国に戻ればいい」と思いを語った。

●佐野市嘉多山町1786
✆0283-86-4252
御朱印＊300円
境内に入って左手の宮司宅で受け取れる。

思い込め夫婦共同作業

大雲寺《だいうんじ》

佐野

開基は戦国時代にこの地を治めた佐野氏15代当主・昌綱《まさつな》。創建の地は唐沢山麓の館野（現栃本町）だったと伝わる。

当時は上杉謙信らの攻撃を受け、佐野氏にとっては危急存亡の時代。「それ故に、明日をも知れぬ身をみ仏にすがり本寺を建てたのだろう」と寺の小史にある。

江戸時代に入ると、まちづくりの一環として侍屋敷が集まる小屋町（現相生町）に移築された。

現在の姿になったのは昭和から平成に移った1989年。「佐野ぼけ封じ観音菩薩」が建立されると、気軽にお参りする地域住民がこれまで以上に増えたという。御朱印を提供し始めたのも、ちょうどこの頃だ。

境内にある「佐野ぼけ封じ観音菩薩」

33代住職の富田《とみた》諦雄《たいゆう》さんが一貫してこだわり続けるのは「夫婦による共同作業」。筆をとるのは、書道教室を開く妻の士子《ひとこ》さん。諦雄さんは「元気で長生きしましょう」の思いを込め、40年以上使い込んだ朱肉で押印する。

「少し時間がかかるかもしれないが、その間皆さんとお話しできればうれしいこと。こうしてコミュニケーションが広がっていけば」。これもまた、夫婦が御朱印に込めた思いである。

●佐野市相生町28
☎0283-22-1995
御朱印＊300円

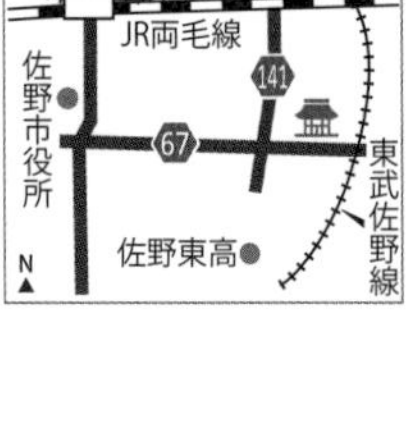

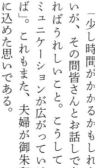

先代から引き継ぐ社印

一瓶塚稲荷神社《いっぺいづかいなりじんじゃ》

佐野

旧田沼町の中心部で、朱色の大きな鳥居が目を引く。由緒などによると、１１８６（文治２）年、佐野成俊《なりとし》が唐沢山城を再興した際、現在の地に塚を造り、富士村（現佐野市富士町）から稲荷大明神を移して社殿を創建した。

その際、領民が瓶《かめ》に土を入れて運び、塚を築いたことから「一瓶塚」稲荷神社と呼ばれるようになったという。

御朱印は中央に神社名の書と、先代の宮司から引き継いだ70年以上の歴史があるという社印が押される。

祭神は衣食住の守り神ともされる「豊受姫神《とようけひめのかみ》」。当初から武将や地域の人々の信仰は厚く、徳川第５代将軍綱吉が館林藩主だった頃は毎月、使者を参拝させていたそうだ。

境内には、地域の伝統工芸「天明鋳物」の鳥居もあり、国の認定重要美術品に指定されている。安蘇谷正《あそやまさ》彦《ひこ》宮司は「鳥居は江戸時代に作られたもので、神社の宝物です」と語る。

毎年3月に3日間行われる初午《はつうま》祭りは、数万の参詣者でにぎわうが、今年（２０２０年）は新型コロナウイルス感染症の影響で神職のみで執り行った。安蘇谷宮司は「来年は盛大に行いたい」と願う。

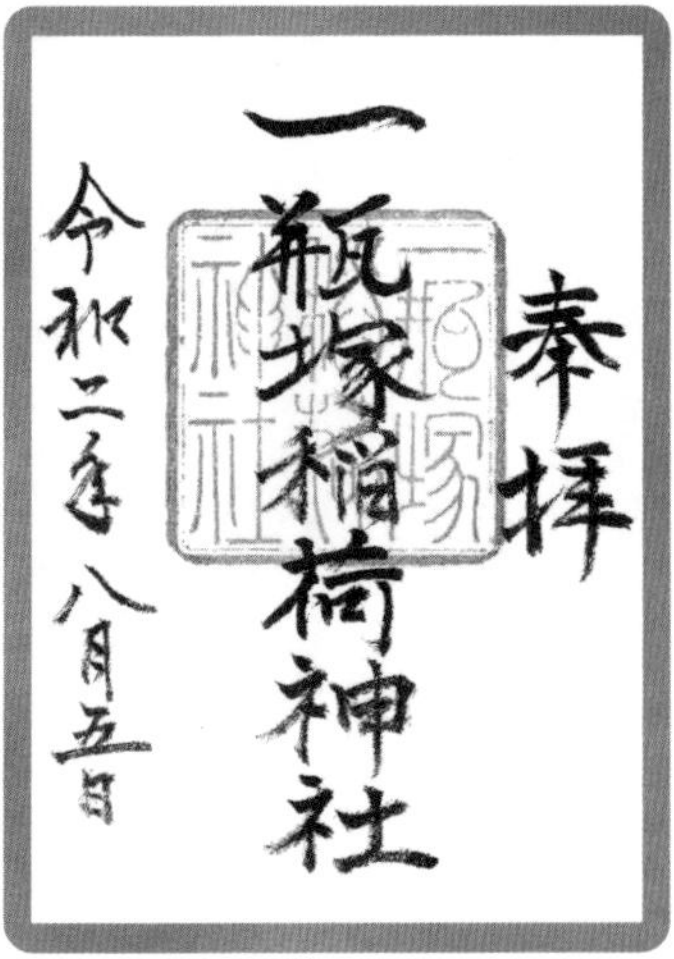

国認定重要美術品の鳥居

●佐野市田沼町1404
✆0283-62-0306
御朱印＊300円
境内入って左手の社務所で受け取れる。

躍動する中央の「寿老尊」

金蔵院《こんぞういん》

佐野

開山は安土桃山時代初期と伝わる。江戸時代、唐沢山城の28、29代城主が豊臣氏縁故の外様大名取りつぶし策によって城を明け渡す際などに、一時身を寄せた寺としても知られる。

1692（元禄5）年に建立されたといわれる天明鋳物の「銅造地蔵菩薩立像」（高さ約2メートル）は市有形文化財に指定されている。

平成に入ると、同じ真言宗豊山派の市内6寺と「佐野七福神」として連携。当時コースづくりなどに奔走し、現在は「下野国佐野七福神霊場会」の会長を務める牛久《うしく》道明《どうみょう》住職は「七福神巡りがそれぞれの寺宝を知ってもらう機会になれば」と話す。

金蔵院が祀るのは、長寿延命の神とされる「寿老尊」。御朱印の中央にも躍動的に記される。

全コースを4時間余りで巡れるとあって、最近は市外から観光目的に訪れる参拝者が増えた。御朱印を求める若い人の姿も目立ってきたという。

牛久住職は「もともとは参拝の記念に御朱印を受けていたが、今では収集自体が目的。時代とともに少し異なってきたが、寺に足を運ぶきっかけになるならこれも歓迎したい」とブームに向き合っている。

本堂

●佐野市越名町426
☎0283-23-4618
御朱印＊300円

3匹のウナギに御利益

星宮神社《ほしのみやじんじゃ》

栃木

なでることで家内安全・身体健康・事業繁栄といった御利益がある「なでうなぎ」と呼ばれる3匹のウナギの像が出迎える星宮神社。神仏習合時代に主祭神と共に祀られていた虚空蔵《こくぞう》菩薩がウナギに乗って現れたという言い伝えから神社の象徴にもなっている。

　御朱印はそんな3匹のウナギが鮮やかな赤字で描かれる。五穀豊穣の願いが込められた「福祥《ふくしょう》うなぎのぼり」は金泥を使って達筆に。御利益を願って迫力のある見開きの御朱印をついなでてしまいたくなる。

　社殿は室町時代の1430（永享2）年に創建。磐《いわ》裂命《さくのみこと》・根《ね》裂命《さくのみこと》・経《ふ》津主命《つぬしのみこと》の三神を主祭神として祀る。当時の領主が三神からお告げを聞き社殿を創建したところ、農耕地として発展していったことから開拓・農耕の神としてあがめられている。

なでると御利益があるという境内のなでうなぎ像

　月替わりの御朱印も授かることができ、10月の絵柄は秋らしく紅葉があしらわれている。林靖大《はやしやすひろ》宮司の「毎月お参りすることに意義がある」という思いから月替わりの御朱印を考案した。

　まさに〝うなぎのぼり〟とも言える世間の御朱印の熱に林宮司は「ブームではなく文化として根付いてもらいたい」と思いを寄せた。

●栃木市平柳町1-23-26
☎0282-23-0795
御朱印＊700円
月替わりの御朱印＊500円
社務所は午前9時～午後4時半。

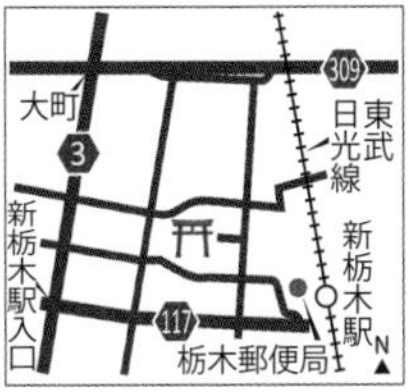

親しみやすい如来　鎮座

福正寺《ふくしょうじ》

栃木

1278（弘安元）年に一向《いっこう》上人が開き、念仏道場として隆盛を極めた福正寺。しかし明治に入り、時宗一向派の衰退と廃仏毀釈により本堂が焼失、住職も不在となった。

その後、徳川家の菩提寺増上寺から本尊である阿弥陀如来の寄進を受け、徐々に再建。1942（昭和17）年の宗教統制で浄土宗に転宗することとなった。

御朱印中央には「勝阿弥陀」と墨書されている。徳川家が戦争の無い時代を築き、万事が治まったことから「勝」の一字が添えられた。福正寺が衰退から再建を遂げた背景も相まって、その一字に込められた重みを感じる。

上部には再建の象徴阿弥陀如来が。しかし、少しかわいらしい。松涛淳一《まつなみじゅんいち》住職の「そのまま描くのはなんだか堅苦しい。親しみやすくしたい」という思いから生まれた朱印だ。

僧侶が鐘を打ち鳴らし念仏を唱える「踊り念仏」やえんま大王の大斎日に行われる「地獄図開帳会」などの祭事ごとに限定御朱印も授けている。こちらも親しみやすい印が描かれ、県外からも御朱印を求める参拝者が多く訪れる。

「ありがたい」と松涛住職も笑顔。現在のにぎわいはまさに衰退の過去に「勝った」結果だろう。

●栃木市西方町元1584
✆0282-92-7734
御朱印＊各300円
踊り念仏は 11 月、地獄図開帳会は1月と7月。

阿弥陀如来

伝統と「らしさ」を表現

村檜神社《むらひじんじゃ》

栃木

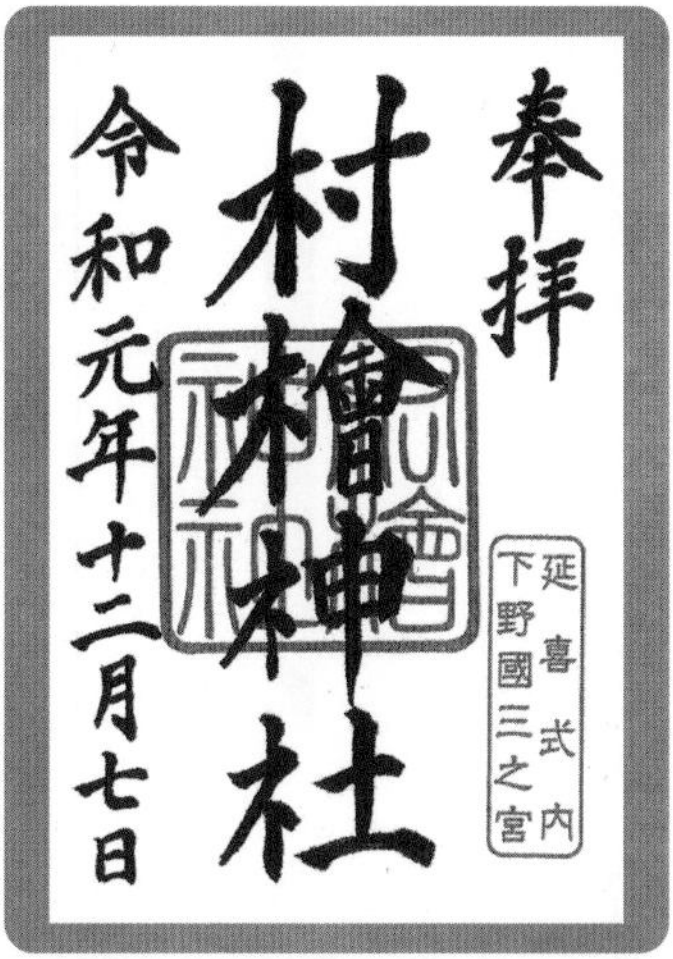

参道の両脇には、樹齢1千年を越えるとも言われる杉の大木たち。清涼感に囲まれながら約100段の石段を上ると、古式ゆかしい本殿が見えてくる。

本殿

現在の本殿は室町時代後期に建てられた。三間社春日造《さんげんしゃかすがづくり》で、屋根はヒノキの皮を重ねた檜皮葺《ひわだぶき》。厳島神社や出雲大社などに見られる伝統的な工法で、国の重要文化財に指定される。

創建は646（大化2）年。延喜式内社の一つとして多くの信仰を集める。かつて藤原秀郷が平将門討伐の際に必勝祈願を行った神社としても伝わる。

御朱印はシンプル。中央に神社名の書と印を、右下には「延喜式内下野國三之宮」の印を押す。

近年参拝者が増えたが、御朱印の形は長年変わらないという。寺《てら》内誉迪《うちたかふみ》宮司は「御朱印は、元々からある神様のありがたい印を頂くということ。神社らしい朱印を、変わらずに出していこうという思いからです」と話す。

確かに村檜神社は拝殿がないが、これは当時の造りを守っているから。「伝統文化を後世につなげていくのが神社の使命」と寺内宮司。その思いは、御朱印や本殿からも強く伝わってくる。

●栃木市岩舟町小野寺4697
☎0282-57-7801
御朱印＊500円
御朱印は基本的に書き置き。

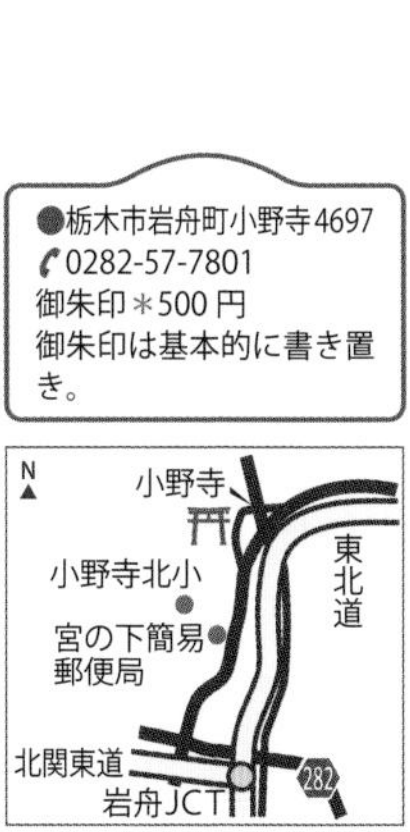

「大の傘」の中にご本尊

栃木

出流山《いずるさん》 満願寺《まんがんじ》

一歩足を踏み入れて感じた。この地が神聖な場所であるということを。森閑とした寺内の雰囲気に、思わず背筋が伸びる。

現在の県知事に当たる下野の国司の妻女が出流山の岩穴で日夜祈願を続け、子宝を授かった。その子こそが、日光開山の祖勝道上人だ。勝道は20歳から4年間、出流山で修行を積む。仏の加護を仰ぐため765（天平神護元）年、今の本堂の地に堂宇を建てて、満願寺と名付けた。

本尊は、勝道を慕う弘法大師空海の作と伝わる千手観世音菩薩。

本堂

本堂は足利3代将軍義満が寄進した。いったん焼失したものの、1764（明和元）年に再建された。空海を宗祖とする真言宗の智山派の寺院で、坂東第17番札所。護摩祈祷の霊山としても知られる。

御朱印は、本堂を表す大御堂と墨書され、千手観音を表す梵字や出流山の印が押されている。特徴的なのは「大」の文字。遠田《おんだ》直人《なおんど》寺務長は「大の傘の中にお堂が入るように書くことを心がけている。ここにご本尊様がいらっしゃると思っていただきたい」と説明する。

●栃木市出流町288
✆0282-31-1717
御朱印＊300円
紙朱印＊400円

江戸時代から不変の書、印

高勝寺《こうしょうじ》

栃木

　長さ約350メートル、600段に渡る石段を登り、岩船山の中腹を過ぎると、背筋がピンと伸びるほど荘厳な仁王門がそびえる。門の先に待ち構えるのが、子授け・安産をもたらすという国内有数の地蔵尊を本尊とする高勝寺だ。

　770（宝亀元）年、弘誓坊明《ぐぜいぼうみょう》願《がん》という僧が夢で見たという生きた地蔵菩薩を、岩船山で拝めたことから本堂を建立したとされる。その言い伝えは絵巻物に記されているほか、実際に拝んだ地として奥の院が境内に残されている。古くから水子の供養の地としても知られる。

　御朱印中央には、本尊「生身地蔵尊」の墨書。右下には日本三大地蔵と記されている。朱印には梵字とともにハスの花の印が押される。

　御朱印は全て旭岡知徳《あさひおかちとく》住職による手書き。墨書、朱印は江戸時代からほとんど変わらないという歴史の深さだ。旭岡住職は「変わったところは、江戸時代の方が字がうまい」と笑う。

　岩船山は古来、霊魂の集まる山と言われ、どこか神秘的な雰囲気が漂う。生身地蔵が開帳される彼岸と正月に訪ねれば、僧のように生きた地蔵に会えるかもしれない。そんなパワーを感じる場所だった。

仁王門

●栃木市岩舟町静3
☎0282-55-2014
御朱印＊300円
午前9時半～午後4時。

第14番札所 示す剣の印

延命寺《えんめいじ》

栃木

大平町西水代の「旧国道50号」から桜並木の参道を入っていくと、立派な鐘楼門が見えてくる。

延命寺は奈良時代の天平年間に、華厳宗の高僧・良弁《ろうべん》が諸国を巡る中、永野川のほとりに建立したのが起源とされる。鎌倉期の建治年間に延命地蔵菩薩を安置、延命院と称した。何度も戦乱に遭った後、1652（承応元）年に現在地へ移ったという。

通称「身代り不動尊」。御詠歌には「みにかわるちかいもかたしゆるぎなき　いわをにたてるあがすくいぬし」とある。川井明良《かわいめいりょう》住職は「あなたに代わり、堅く揺るぎない誓いを岩のようにがっちりとお守りします、という意味です」。近年は北関東三十六不動尊霊場の第14番札所として、厚い信仰を受けてきた。

御朱印は、中央に不動明王を表す梵字の印。同霊場第14番札所を示す、剣の形をした朱印を押す。同霊場が開創された30年ほど前に、新しくした。同霊場専用の御朱印帳もあり、何周も参拝し重ね印をする人もいるという。

川井住職は「仏様はたくさんいるが、その寺はどういう仏様か、知っているとお参りする時にも役に立つ。自分で調べて、納得されるのがいい」と穏やかに話した。

鐘楼門

●栃木市大平町西水代1864-1
✆0282-43-3234
御朱印＊300円

虚空蔵菩薩との良縁願う

連祥院《れんしょういん》

栃木

本堂

太平山の麓、「あじさい坂」と呼ばれる約1千段の石段の入り口。京都の六角堂を模して建てられたという本堂がすぐ目に入る。

827（天長4）年、慈覚大師円仁によって創建され、太平山の神事・仏事を全て取り仕切る別当寺院に。神仏分離令後の1905（明治38）年、現在の本堂が建立された。寺院の名は「連祥院」だが、地域の人には「六角堂」と呼ばれて親しまれている。

本尊の「虚空蔵《こくうぞう》菩薩」は、鎌倉時代の作で県指定有形文化財。丑年、寅年生まれの守り本尊、「十三参り」の仏様としても信仰されている。通常は秘仏で、例年1月1〜5日の初詣に合わせて公開される。

御朱印は、中央に虚空蔵菩薩の梵字の押印があり、虚空蔵尊などと書かれている。字をあまり崩さず確認できるようにしているという田中昭範《たなかしょうはん》住職は「虚空蔵菩薩とご参拝の方に良いご縁があるようにと、丁寧に書いている」と話す。

新型コロナウイルスの感染拡大の影響で、太平山を散策する人も減っているという。田中住職は「新型コロナウイルスが落ち着いたころに、来てほしい」と話した。

●栃木市平井町643
✆0282-25-3023
御朱印＊300円

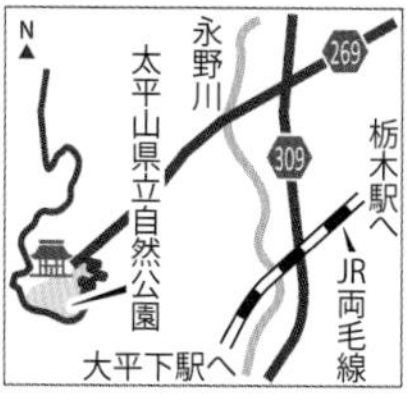

「滝の観音」火炎とともに

清水寺《せいすいじ》

栃木

大平のブドウ畑を抜けると、天台宗の山寺が現れる。四季折々の花が咲く境内。「ひっそりと咲く花が安心を与えてくれる」と本橋《もとはし》亮成《りょうじょう》住職はほほ笑む。

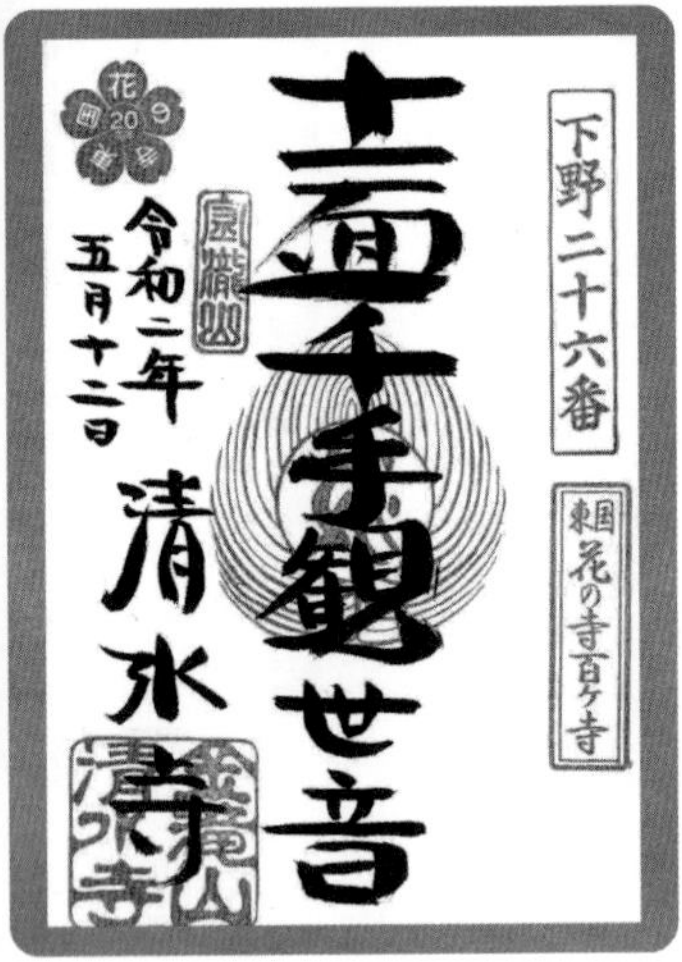

奈良時代の739(天平11)年。行基《ぎょうき》が東北行脚の時、紫雲がたなびくのを見て訪れると滝があった。その場所に金滝山大聖院《きんりゅうざんだいしょういん》清水寺は開かれた。本尊は十一面千手《じゅういちめんせんじゅ》観世音《かんぜおん》菩薩。観音堂の脇に滝があることから「滝の観音様」として信仰される。

下野三十三観音の26番目の札所。観音堂の格天井には168枚の花々と鳳凰や鶴、干支が描かれ「花曼荼羅」と呼ばれている。

御朱印は中央に「十一面千手観世音」の文字と、それを表す火炎の梵字。右側に「下野二十六番」の印、希望者には清水寺が加盟する「東国花の寺百ヶ寺」の印も押す。2020(令和2)年は花の寺の巡礼が20周年を迎えたため、左側にはその記念印も押す。

境内は1991(平成3)年度、栃木市が清水寺の森として整備した。花木は本橋住職や地域のボランティアが管理。1年通して花を楽しめるよう工夫され、6月はアジサイが見頃を迎える。本橋住職は「(花木管理は大変だが)一期一会の出会いが楽しみで続けている」と話す。

観音堂

●栃木市大平町西山田3427
☎0282-43-3863
御朱印＊300円
書き置きもある。

厄よけ御利益込め　力強く

満福寺《まんぷくじ》

栃木

　悪運を断つとされる三尊一体の鬼神「三鬼尊」が祀られているなど、厄よけの御利益がある満福寺。16世紀後半の天正年間には、栃木城と町を守る関所としての役割も担った。徳川家康もこの地を気に入り、江戸時代には幕府の保護の下、真言宗の祈願寺院として栄えたという。

　しかし幕末の大火によってほぼ全ての建物を焼失。以後、1970年代まで復興に至らなかった。現在の本堂は2010（平成22）年に再建。それでも、その荘厳さと「大毘盧遮那殿《だいびるしゃなでん》」の扁額《へんがく》から歴史の深さを感じ取れる。

　御朱印中央は、扁額にもある「大毘盧遮那殿」の文字と梵字が力強い。共に本尊である大日如来を意味する。右には「開運厄除大師」、左には真言宗が密教であることから「満福密寺」と記される。

　鎌倉時代の開創から約750年。大火という「厄」を乗り越え復興に至った様は、まさに御利益を表しているようだ。それでも長澤弘隆《ながさわこうりゅう》住職は「檀信徒の皆さんの力があってこそ」と感謝を忘れない。

　御朱印はあらかじめ用意したもので対応している。長澤住職は「皆さんには安心して参拝していただきたい」と、「厄よけ」を願った。

●栃木市旭町22-27
☎0282-24-8260
御朱印＊志納

本堂

心強さ　頼もしさを表す

成就院《じょうじゅいん》

栃木

山門をくぐると、すぐ左手にぼけ封じ観世音菩薩が見える。自然に囲まれた成就院は北関東で最初のぼけ封じ観音霊場で、現在は「ぼけ封じ観音さま」として親しまれているという。

1445（文安2）年に開山し、祈願寺として名が知られていたとされる。本堂は江戸時代の文化年間に建てられ、欄間には龍などの彫刻、天井には花鳥風月の絵が描かれている。本尊は不動明王。秘仏とされ、開帳は基本的に50年に1度という。

御朱印は中央に「不動明王」と書かれ、それを表す梵字が押されている。左上には「ぼけ封じ観音」とも記されている。

仙田達広《せんだたっこう》住職は「お不動さんの心強さ、頼もしさを表したいと思っている」と筆を執る。不在時は、玄関先の書き置きで対応している。

地域活性化策として始まった「小野寺七福神」の一つでもあり、境内には大黒天の姿も。「大黒天」と記した御朱印などもある。

しだれ桜、樹齢80年のボケ——。東国花の寺百ケ寺でも紹介されており、境内には四季折々の花が咲く。仙田住職は「自然などを見て心を癒やしてもらいたい」と話している。

本堂

●栃木市岩舟町三谷156
0282-55-8564
御朱印＊300円

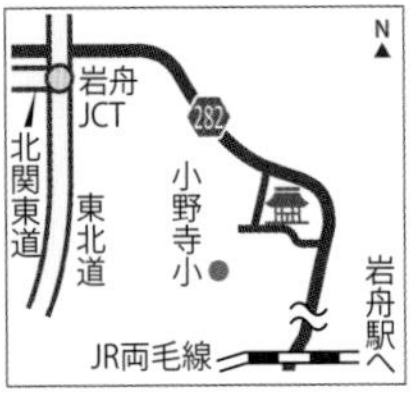

梅ゆかりの不動尊　中央に

華蔵寺《けぞうじ》

栃木

栃木市梅沢町には、梅にゆかりのある真言宗の寺がある。

後鳥羽上皇による院政が行われていた鎌倉初期。唐沢山城の城主佐野実綱《さねつな》に、鎌倉幕府を開いた源頼朝の訃報が届いたという。

生前、頼朝に流鏑馬の技術を褒められ、頼朝の妻北条政子から紅梅を贈られたことを思い出し、1202（建仁2）年、梅が咲く地に冥福を祈るための華蔵寺を建てたと伝わる。

本尊は不動明王。口を開け、目を見開いた表情をしているのは、人々を一生懸命助けようとしているのを表しているという。「梅澤不動尊」として地域住民から信仰されてきた。

御朱印は中央に「梅澤不動尊」の文字と、それを表す火炎の梵字。右側に「北関東三十六不動尊霊場第十六番」の印。不在時は書き置きで対応している。金剛《こんごう》照真《しょうしん》副住職は「日本の文化に触れる機会を大切にしていただくのはありがたい」と、昨今の御朱印ブームを受け止める。

境内には20本の梅の木が植えられているほか、夏には鮮やかなだいだい色の花をつけるキツネノカミソリが参道を彩る。「静かな場所ですから、心を落ち着かせてお参りいただければ」。副住職は穏やかに言った。

本堂

●栃木市梅沢町801
☎0282-31-0124
御朱印＊300円

本尊「大日如来」力強く

長清寺《ちょうせいじ》

栃木

弘法大師空海が東国を巡礼した際、農民らが干ばつで困惑しているのを知り、持っていた仏具を地面に突き刺した。するとそこから水が湧き出し、近隣の水田を救ったとされる。

長く清い水が絶えることのないようにと願いを込めて、長清寺と名付けられた。

明治初期には無住職となるが、1886（明治19）年に修験者の岡部弘伝《おかべこうでん》が入山し、その後1992（平成4）年に現在の本堂を建立した。1990年代には関東八十八カ所霊場第18番札所にも指定され、多くの人から信仰を集めている。

御朱印中央には力強い墨字で本尊の「大日如来」とそれを表す梵字。右上の札所指定の証し「関東第十八番」の印も力強い。霊場を巡る「お遍路」の訪問者には御朱印と共に、本尊が描かれた札「御姿」も手渡される。

黒川弘照《くろかわこうしょう》住職はお遍路の際の御朱印には日付を記さない。「お遍路は修行の一環。修行だから、1日だけでなく、終わりがない」と話す。再び訪れた人には前回の御朱印に朱印を重ねて押す。

「お遍路でも御朱印集めでも、来て良かったと思ってもらえれば一番」。御朱印を授けたお遍路の訪問者を、黒川住職は笑顔で見送る。

本堂

●栃木市本町14-30
☎0282-22-2798
御朱印＊300円

薬師如来示す「瑠璃光」

牛来寺《ごらいじ》

栃木

入り口で牛の石像「御法の牛」が参拝者を迎える。体の悪い所をなでてから石像の同じ所をなでると、良くなると言われている。

850（嘉祥3）年、牛に乗った慈覚大師円仁が、この地に来たことが牛来寺の名前の由来。人々は流行病に苦しんでいたが、円仁が祈祷すると病は治ったという。その際に建立し、薬師如来を安置したとされる。

この地域での言い伝えは他にもある。牛が水を欲しがり、円仁が錫杖《しゃくじょう》で地面を突くと泉が湧き出たという。泉は昭和30年代に土地改良で埋められたが、泉の水が目の病気に効くと伝わっていた。

1887（明治20）年に火災があり、本堂などは焼失した。残った薬師堂が現在の本堂。本尊の薬師如来坐像は県の指定文化財になっている。

御朱印には、いずれも薬師如来を示す梵字と墨書。「瑠璃光」の「瑠璃」の字は特徴的で、代々引き継がれているものという。

47代目の高野《たかの》俊順《しゅんじゅん》住職は御朱印を渡す際、「瑠璃光」の読み方や薬師如来を示すことなどを説明する。「せっかく来てくださったから」と丁寧な対応を心掛けているという。「仏教に少しでも関心を持ってもらいたい」と話した。

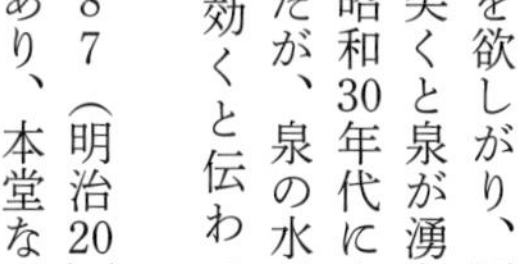
本堂

●栃木市大平町牛久51
☎0282-23-2556
御朱印＊300円

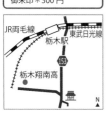

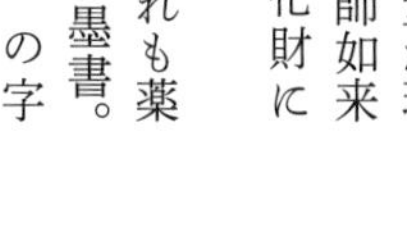

おわりに

御朱印には不思議な魅力がある。

神職や僧侶が墨書する奥深い言葉と、生命力の宿る文字。個性豊かで趣のある朱印が押され、一期一会の時を刻む。それは単なる「参拝証明」にとどまらず、私たちの信仰心と収集欲を同時に満たしてくれる。

何より、神仏を巡り御朱印を授かった時に得られる「心の安寧」が、私たちをまた次の巡礼へと誘うのだろう。

２０１９年４月に本紙地域面でスタートした「しもつけの御朱印　県内社寺巡礼」は、２０２０年10月まで１年半、計２１６回の長期連載となった。県内17総支局の記者約40人が、その魅力を伝えようと総力を挙げて取り組んだ。私事ではあるが、連載の初回、大田原・黒羽の大雄寺を担当させてもらった。御朱印の意味を住職に説いていただきながら、文字に込められた思いや寺の歴史を改めてかみしめたことが思い起こされる。こうしてあとがきを書いているのも、御朱印に導かれた縁なのかもしれない。

連載を終えると「なぜやめてしまうのか」と惜しむ声が相次ぎ、改めて人気の高さを思い知らされた。諸般の事情で取り上げられなかった社寺もある。ご期待に沿えず、申し訳なく思う。一方で、社寺の関係者からは「御朱印だけ受け取って帰ってしまう人がいる」と嘆く声をいただくこともあった。御朱印は「スタンプラリー」とは違う。心を込めて参拝した後、社寺をゆっくりと拝観し、そのしるしとして授かってもらいたい。

これだけ長く連載を続けられたのは、ご協力いただいた各社寺と、ご愛読いただいた皆さまの支えがあったからにほかならない。この場を借りて深く感謝を申し上げたい。

新型コロナウイルス感染症の終息は見通せず、社会には重苦しい空気が漂う。こうした世にこそ、神仏を訪ね歩くことは、私たちに「心の安寧」をもたらしてくれる。その道行きを照らす一つの灯火として、この一冊を皆さまにご愛用いただけたらと願っている。

下野新聞社　地域センター長兼地域報道部長　三浦一久

索引　＊すべて栃木県内です。

＜執筆・写真＞
青木友里／飯塚　博／石田　聡／磯真奈美／市川佳祐／稲葉雄大
岩﨑駿祐／上野貴朗／枝村敏夫／江連　旭／太田啓介／岡田優子
小川貴広／亀井　勝／小池竜太／小玉義敬／小林治郎／小林睦美
齊藤章人／柴田正人／島野　剛／鈴木祐哉／関　健／田井　伎
竹内美鈴／多里まりな／長　茂男／富井太啓／直井萌乃／仁平裕人
沼尾　歩／野上裕之／野中美穂／野村明敏／藤田りか／三浦一久
宗像信如／茂木信幸／山岸由実／山根茂生／湯田大士／横松敏史
我妻昭徳（五十音順）

＜デザイン＞
本　文：井田真峰子
表　紙：柴山　努（イマジカル）

＜MAP 制作＞
下野新聞社グラフィックス部

＜スペシャルサンクス＞
小杉国夫（02-03 photo）

続《ぞく》しもつけの御朱印《ごしゅいん》　栃木《とちぎ》県内《けんない》社寺《しゃじ》巡礼《じゅんれい》

2020 年 12 月 15 日　初版第 1 刷発行
著者　下野新聞社編集局
発行　下野新聞社
〒320-8686 栃木県宇都宮市昭和 1-8-11
TEL　028-625-1135（編集出版部）　FAX　028-625-9619
書籍印刷　株式会社シナノパブリッシングプレス
御朱印帳　博勝堂

ISBN978-4-88286-770-8　C0026